AF667723

„BÜCHER SIND WIE FALLSCHIRME. SIE NÜTZEN UNS NICHTS, WENN WIR SIE NICHT ÖFFNEN."

Gröls Verlag

Redaktionelle Hinweise und Impressum

Das vorliegende Werk wurde zugunsten der Authentizität sehr zurückhaltend bearbeitet. So wurden etwa ursprüngliche Rechtschreibfehler *nicht* systematisch behoben, denn kleine Unvollkommenheiten machen das Buch – wie im Übrigen den Menschen – erst authentisch. Mitunter wurden jedoch zum Beispiel Absätze behutsam neu getrennt, um den Lesefluss zu erleichtern.

Um die Texte zu rekonstruieren, werden antiquarische Bücher von Lesegeräten gescannt und dann durch eine Software lesbar gemacht. Der so entstandene Text wird von Menschen gegengelesen und korrigiert – hierbei treten auch Fehler auf. Wenn Sie ebenfalls antiquarische Texte einreichen möchten, finden Sie weitere Informationen auf www.groels.de

Viel Freude bei der Lektüre wünscht Ihnen das Team des Gröls-Verlags.

Adressen

Verleger: Sophia Gröls, Im Borngrund 26, 61440 Oberursel

Externer Dienstleister für Distribution & Herstellung: BoD, In de Tarpen 42, 22848 Norderstedt

Unsere „Edition | Werke der Weltliteratur" hat den Anspruch, eine der größten und vollständigsten Sammlungen klassischer Literatur in deutscher Sprache zu sein. Nach und nach versammeln wir hier nicht nur die „üblichen Verdächtigen" von Goethe bis Schiller, sondern auch Kleinode der vergangenen Jahrhunderte, die – zu Unrecht – drohen, in Vergessenheit zu geraten. Wir kultivieren und kuratieren damit einen der wertvollsten Bereiche der abendländischen Kultur. Kleine Auswahl:

Francis Bacon • Neues Organon • **Balzac** • Glanz und Elend der Kurtisanen • **Joachim H. Campe** • Robinson der Jüngere • **Dante Alighieri** • Die Göttliche Komödie • **Daniel Defoe** • Robinson Crusoe • **Charles Dickens** • Oliver Twist • **Denis Diderot** • Jacques der Fatalist • **Fjodor Dostojewski** • Schuld und Sühne • **Arthur Conan Doyle** • Der Hund von Baskerville • **Marie von Ebner-Eschenbach** • Das Gemeindekind • **Elisabeth von Österreich** • Das Poetische Tagebuch • **Friedrich Engels** • Die Lage der arbeitenden Klasse • **Ludwig Feuerbach** • Das Wesen des Christentums • **Johann G. Fichte** • Reden an die deutsche Nation • **Fitzgerald** • Zärtlich ist die Nacht • **Flaubert** • Madame Bovary • **Gorch Fock** • Seefahrt ist not! • **Theodor Fontane** • Effi Briest • **Robert Musil** • Über die Dummheit • **Edgar Wallace** • Der Frosch mit der Maske • **Jakob Wassermann** • Der Fall Maurizius • **Oscar Wilde** • Das Bildnis des Dorian Grey • **Émile Zola** • Germinal • **Stefan Zweig** • Schachnovelle • **Hugo von Hofmannsthal** • Der Tor und der Tod • **Anton Tschechow** • Ein Heiratsantrag • **Arthur Schnitzler** • Reigen • **Friedrich Schiller** • Kabale und Liebe • **Nicolo Machiavelli** • Der Fürst • **Gotthold E. Lessing** • Nathan der Weise • **Augustinus** • Die Bekenntnisse des heiligen Augustinus • **Marcus Aurelius** • Selbstbetrachtungen • **Charles Baudelaire** • Die Blumen des Bösen • **Harriett Stowe** • Onkel Toms Hütte • **Walter Benjamin** • Deutsche Menschen • **Hugo Bettauer** • Die Stadt ohne Juden • **Lewis Caroll** • *und viele mehr….*

Ludwig Ganghofer

Das Kasermanndl

Zur Sommerzeit mag es kaum ein schöneres Flecklein Erde geben als den Roßmooserhof. Wenn einer aus dem Tal, in dem das Dorf gelegen ist, durch den steilen, dunklen Bergwald drei Stunden hinaufsteigt, dann sieht er plötzlich die Bäume zu Ende gehen, sieht das Berggehänge sich spalten und in zwei ragenden Felswänden auseinanderlaufen. Und vor seinen Augen öffnet sich ein weites, herrliches Hochtal.

Wie grüner Sammet leuchten die Wiesen, auf den Feldern schwanken die gelben Ähren im sanften Wind, in den Gräben und Teichen blitzt das Wasser wie blankes Silber, und an den hundert Obstbäumen verschwindet beinah das Grün unter den vielen Früchten, die sie tragen. Über die runden Kronen der Apfelbäume hebt sich das stolze Bauernhaus mit schneeweißen Mauern, mit blinkenden Fenstern und grünen Läden, mit geschnitzten Giebelzieraten und einem schlanken Glockentürmlein auf dem steilen Dach. Hinter dem Hause liegt der umzäunte Garten mit Lauben und Blumenbeeten, deren Duft sich vermischt mit dem süßen Heugeruch. Rings um den weiten Hofraum reihen sich die Gesindehäuschen, die Schuppen und Scheunen, die Wagenremisen und die langgestreckten Ställe, die im Sommer nur die Pferde und nur wenige Milchkühe zu beherbergen haben, da die übrigen Kühe und die jungen Rinder, gegen vierzig an der Zahl, auf die Almen getrieben sind. In weitem Bogen spannen sich um das schöne Tal die steilen Wälder und hohen Felswände, als hätte der liebe Herrgott diese Riesenmauer eigens geschaffen, damit nur ja der Nordwind kein rauhes Lüftchen herbrächte, das den Wieswuchs verkümmern und den Blüten der Obstbäume schaden könnte. Hoch über den Wäldern liegen im Sonnenglanz die Almen, von denen man bei stiller Luft das Geläut der Herdenglocken und die Jodelrufe der Hüterbuben hört. Gegen Süden, durch die breite Bergscharte, sieht man über den niederziehenden Wald und über das von blauem Duft umsponnene Tal hinweg auf die fernen Berge: Kette ist hinter Kette gelagert, Kuppe reiht sich an Kuppe, bis in nebelhafter Ferne die weißen Gletscher mit ihren zarten Linien den Horizont verschließen.

Freilich, dem schönen Sommer folgt im Roßmoos ein harter Winter. Jede Verbindung mit dem Dorf ist abgeschnitten, und an manchem Morgen liegt der frischgefallene Schnee so hoch, daß man kaum die Haustür zu öffnen vermag. Und vom Haus zu den Scheunen, von Stall zu Stall müssen Gänge durch den Schnee gegraben werden, um den Verkehr zu ermöglichen. Aber im Winter ist das Vieh daheim; da gibt es so viel zu arbeiten, daß die schweren Tage rasch verfliegen. Auch bringt die Mitte des Winters zuweilen so helle, sonnige Wochen, daß der Schnee sich setzt und die Luft so lind wird wie im Frühjahr.

Solch ein schöner Dezember war eben jetzt vergangen. Die milden Tage hatten sogar den hochverschneiten Weg ins Dorf hinunter wieder gangbar gemacht. Das war dem Roßmooser lieb: nun stand für den Weihnachtstag der

Weg in die Kirche offen, und – was das Wichtigere war – jetzt konnte er aus dem Dorf eine neue Köchin rufen lassen. Die Roßmooserin selig – vor drei Jahren war sie gestorben – hatte ihren Mann verwöhnt in der Kost; nach ihrem Tod war eine alte Hauserin in die Küche eingezogen; die führte ein scharfes Zünglein, und vom Morgen bis zum Abend hörte man im Haus und Hof ihre schrille Stimme. Nun war sie vom Zipperlein befallen und mußte seit einer Woche unter Pein und Schmerzen das Bett hüten. Eine nach der andern hatten die Stalldirnen ihre Kochkünste versucht, doch vor dem 'Gschla- der', das sie auf den Tisch brachten, kam dem verwöhnten Roßmooser das Grausen an; jeden Mittag und Abend stand er mit Ärger und leerem Magen von der Mahlzeit auf. Da es mit der Besserung bei der Hauserin kein Absehen hatte, schickte er zwei Tage vor Weihnacht, den Obersenn ins Dorf hinunter, um eine neue Hausdirn ausfindig zu machen. Gut kochen müsse sie können, das wäre die Hauptsache; ein stilles, sanftes Wesen sollte sie haben, brav und fleißig sein und dazu noch sauber anzuschauen, damit dem Roßmooser nicht schon der beste Appetit verginge, wenn die Dirn mit der Schüssel in die Stube träte.

Der Obersenn, als er diese Bedingungen hörte, kratzte sich hinter den Ohren. Da wär' leichter eine Nadel im Heu gesucht, meinte er, als solch eine Dirn gefunden.

Bei grauendem Morgen machte er sich auf den Weg; doch der Tag verging, ohne daß er zurückkehrte.

Erst am folgenden Nachmittag, am Vorabend des Weihnachtsfestes, kam er durch den verschneiten Bergwald vom Dorf heraufgestiegen. An der Seite des alten, klug und freundlich blickenden Mannes schritt ein zwanzigjähriges Mädel. Mindestens eine von den Bedingungen des Roßmoosers, die vom schmucken Aussehen, war redlich erfüllt: eine schlanke, fast zarte Gestalt, in einem braunen, schon etwas abgetragenen, aber sauber gehaltenen Kleid, dessen Leibchen die jugendlichen Formen knapp umschloß; über den aschblonden Zöpfen saß ein schwarzer Filzhut mit breiter

Krämpe und niederem Deckel, von einem vergilbten Band umzogen; der Hut beschattete ein schmales Gesicht mit sanften, fast noch kindlichen Zügen; die blauen Augen blickten traurig, und die geröteten Lider bewiesen, daß der Abschied vom Elternhause reichliche Tränen gekostet hatte; waren doch jetzt die Augen noch feucht, und manchmal zuckten die Lippen wie unter mühsam verhaltenem Schluchzen. In der einen Hand führte die Dirn den Bergstock, in der andern trug sie ein weißes Bündel, und so stapfte sie neben dem Senn durch den Schnee herauf, immer still vor sich niederblickend, immer wieder leise seufzend.

Der Alte gab sich Mühe, das Mädel durch sein Geplauder zu erheitern, erzählte, wie schön es auf dem Roßmooserhof im Sommer wäre, versicherte, daß der Bauer das beste Herz auf der Welt, bei guter Kost auch allweil einen guten Humor hätte, und daß man ihn bei richtiger Behandlung um den Finger wickeln könnte.

„Sind Kinderln auch da?“ Das war nach langem Schweigen die erste, schüchterne Frage des Mädchens.

„Kinderln?“ lachte der Senn. „Wohl wohl, ein Bub is da. Aber ich mein', mit dem wirst nit viel zu schaffen haben. Der hat schon seine fünfundzwanzig Jahrln. Kennst ihn denn nit, den Roßmooser-Toni?“

Das Mädel schüttelte den Kopf.

Der Senn aber machte ungläubige Augen. „Geh! Schauen doch alle Madln nach ihm aus!“ Er lachte. „Oder hast dich leicht noch gar nit umgschaut auf die Buben?“

„Ich hab auf mein kranks Mutterl schauen müssen“.

Ein freundlicher Blick traf sie aus den Augen des Sennen. Eine Weile stiegen sie schweigend weiter. Dann sagte der Alte: „No, ich mein', du wirst mit dem Haussohn auch dein friedlichs Auskommen haben. Is ein handsamer, waxer Bub, der Toni, und der Roßmooser könnt allweil seine Freud an ihm haben, wenn nur eins nit wär.“ Der Alte blickte um sich, als fürchte er, es könnte ein Lauscher in der Nähe sein; dann stieß er das Madel mit dem Ellbogen an und kicherte: „Weißt, der Bub hat die Gamserln so viel gern.“

„Mein, das is doch allweil noch keine Todsünd!“

„Für ein armen Häuslerbuben freilich nit. Aber für den reichen Roßmoosersohn wär's halt doch eine schierliche Sach, wenn man ihn umeinanderzarren tät beim Gericht, und er müßt brummen ein paar Monat. Im letzten Herbst hat nimmer viel gfehlt, daß ihn der Jager packt hätt. Der Bauer hat Müh ghabt, bis die Sach vertuschelt war, und hat laufen und blechen müssen, das ihm die Schwarten kracht haben. Und Skandali und Spitakl hat's geben im Haus grad gnug. Heut noch, wenn der Bauer dran denkt, wird er völlig blau vor Zorn und Gift. Der Bub freilich, der hat die Sach schon lang verschwitzt und tät sich auf Neujahr gern wieder ein Gamsbart holen. Aber der Alte paßt auf wie ein Haftlmacher, ja, und weil er gmeint hat, der Bub könnt leicht über die Feiertäg ein Streich machen, hat er gschaut, daß er ihn fortbringt aus'm Revier und hat ihn vor drei Täg schon in d' Stadt gschickt, Einkäuf machen. Der Toni hat ein Gsicht aufzogen wie neun Tag Regenwetter. Aber da hat ihm kein Herrgott gholfen. Fort hat er müssen.“ Der Alte blinzelte nach seiner Begleiterin. „Du? Mir scheint, du mirkst gar nit auf, was ich red?“

„Wohl wohl, ich hör schon! Vom Roßmooser hast gredt? Oder nit?“

Da lachte der Senn. „Dir wär gut was Heimlichs verzählen. Da brauchet eins nit fürchten, daß du's weiter tragst.“

Das Mädel sah ihn mit bittenden Augen an. „Schau, ich muß halt viel sinnieren. Es liegt so viel auf mir. Mußt nit harb sein!“ Eine Zähre fiel ihr auf das Halstüchl.

„Geh, du Hascherl, du!“ tröstete der Senn. „Harb sein! Was dir nit einfallt! Wie kann denn dir eins harb sein?“ Ein Paar Schritte noch taten sie, dann erreichten sie den Saum des Waldes. „Schau, da steht der Hof!“

Das junge Mädel blieb stehen, spreitzte den Bergstock in den Schnee und guckte.

Still und öde lag das weite Roßmoos. Überall Schnee und Schnee, rötlich blinkend im Schein der schwindenden Sonne, die steilen Wälder stumm und tot, wie erdrückt von der Last des Winters, die hohen Felswände waren verschneit und vereist; das Haus mit seinem schneebedeckten Dach und seinen weißen Mauern war kaum zu unterscheiden, nur die verwitterten Balkenwände der Schuppen und Scheunen lugten gleich finsteren Schatten durch das kahle Gezweig der Äpfelbäume.

Das Mädel, mit zitternden Händen den Bergstock umklammernd, blickte lang nach dem dunkeln, fremden Ziel.

„Gelt, er schaut sich im Winter ein bißl einödig an, der Hof?“ sagte der Senn. „Aber wart nur, bis der Auswärts kommt, da wirst deine Freud erleben im Roßmoos, und 's Bleiben wird dir so lieb werden, daß gar nimmer fort magst. Wenn die Hauserin wieder auf die Füß kommt und du magst nimmer schaffen in der Kuchl, nachher ziehst mit auffi zur Alm. Ja, und wenn du gscheid bist, haltst dich zu mir. Ich hab die schönste Alm und den besten Kaser.“

„Wo treibst denn auf?“

„Auf der Waiz-Alm.“

Erschrocken sah ihn das Mädel an. „Auf der Alm, wo das Kasermanndl haust?“

„Wohl wohl.“

Die Augen des Mädels wurden immer größer. „Tust dich denn da nit fürchten?“

„Warum denn fürchten? Unser Kasermanndl is von die ungfahrlichen Geister einer, der noch keim Menschen was Übels nit antan hat. Und wann ich auftreib, is er nimmer beim Zeug und kommt erst wieder, wann ich abtreib! Da haust er den ganzen Winter im Kaser, bis ihn der erste Föhn wieder auskehrt. Und es wird doch all Jahr die Hütten frisch gsegnet vom geistlichen Herrn! Warum denn nachher fürchten? Reizen muß ihn halt keiner und nit sein Possen treiben mit ihm. Nachher tut er eim nix.“

Das Mädel atmete tief und lispelte: „Hast ihn schon einmal gsehen?“

„Gott bewahr! Noch nie nit! Sonst hätt ich ihn leicht schon erlöst, den armen Geist. Gsehen nit, aber ghört hab ich ihn schon! Zwölf Jahr mag's her sein. Da hat's im Spätsommer über Nacht ein schierlichen Schnee gworfen, und gahlings hab ich abtreiben müssen. Ja, und wie ich mit'm Vieh runterkomm ins Holz und 's letzte Mal z'ruckschau über die verlassen Alm, da hör ich auf einmal von droben her die Almglocken läuten, hör Geißelschnöller und ein Juchezer. Wohl wohl, Dirndl, das war's Kasermanndl, das einzogen is auf der leeren Alm. Ghört hab ich alles, aber gsehen hab ich nix."

„Und hat ihn noch keiner nit gsehen, gar keiner?"

„Wohl wohl. Ein meinigs Ahnl hat ihn gsehen, vor die sechzig Jahr!"

„Geh! Und wie schaut er denn aus?"

„Wie ein Senn schaut er aus. Ein baumlanger Kerl mit kohlschwarzem Gsicht und fuirige Augen!"

Ein Schauer ging über den Nacken der Dirn; eine Weile schwieg sie, dann fragte sie flüsternd: „Weswegen, meinst denn, daß er waizen muß?“

„Almgut wird er halt verlottert haben. Denn weißt, auf der Alm is alles heilige Sach, jedes Bröserl Schmalz und jedes Tröpferl Milli. Nit einmal so viel, als schwarz unterm Nagel is, darf eins vernachlässigen oder veruntreuen auf der Alm. Was herunten laßlich Unrecht is, wird droben zur schweren Sünd, weil der Senn sein eigener Wehrer und Aufpasser sein muß, bald ihn der Glust ankommt, daß er sich vergreifen möcht am fremden Gut. Wann der Senn die heilig Gottesgab nit in Ehren halt, Milli verschütt, Salz und Mehl verbröselt, Schmalz verschlampt, wann er gfraßig und gnaschig is, oder gar, wann er vom Almnutzen heimlich verschleppen tut, so kann er's auf der Alm wohl treiben ohne Furcht und Straf, denn der Bauer is weit und kann nit merken, was er Schaden hat. Aber einer merkt's halt doch. Der sell da droben. Und wann ein solchener Senn die ungute Seel aushaucht, nachher kriegt er was zum spüren! Waizen muß er in der glühheißen Pein bis zum jüngsten Tag, wann ihn ein fromms Leut nit ehnder erlöst. Und auf der Alm muß er hausen, wo er gsündigt hat, muß Salz und Mehl stäuberlweis zammklauben, die alten Schmalzflecken aufputzen, die Milli, was er verschütt hat, muß er tröpferlweis wieder eintun in die Gschirr und muß Butter schlögeln und kasen, bis aller Schaden wieder gut gmacht ich. So einer is nit zum neiden, ein solchener Geist."

Sie hatten den Hofzaun erreicht. Der Senn öffnete das Gatter und ließ seine Begleiterin eintreten.

„Gelobt sei Jesus Christus!" sagte sie leise.

„In Ewigkeit, Am'!"

Mit gesenkten Augen und kurzen Schrittlein ging das Mädel quer durch den Hofraum neben dem Senn einher. Unter den Stalltüren erschienen Knechte und Mägde, betrachteten die Fremde mit wägender Neugier und flüsterten untereinander. Aus der Wagenremise klang eine singende Stimme. Von den Ställen hörte man das

Rasseln der Ketten und das dumpfe Muhen der Kühe. Glucksend trippelten die Hühner im Hof umher und scharrten im Schnee. Der schwarze Hofhund fuhr aus seiner Hütte, zerrte an der Kette und bellte, daß die Berge widerhallten.

Vor der Haustür sagte der Senn: „Jetzt wart nur ein bißl, bis ich mit dem Bauer gredt hab.“ Er trat in den breiten, tiefen Flur, in dem es schon dunkelte, und dann in die Stube. Das war ein großes Eckzimmer mit drei Fenstern nach der einen und zwei Fenstern nach der andern Seite. Die weißen Mauern waren bis in Mannshöhe mit rötlichem Zirbenholz getäfelt, ein großer Geschirrkasten stand neben der Tür; fast um die ganze Stube, auch rings um den großen Kachelofen, zog sich eine feste Holzbank. In der Fensterecke, die mit einem kleinen Altar und einem von geweihten Palmzweigen überschatteten Kruzifix geschmückt war, stand der lange Gesindetisch. In der Ecke beim Ofen stand ein kleiner Tisch vor einem Ledersofa; neben diesem Tisch, in einem mit blanken Messingnägeln beschlagenen Lehnstuhl, saß der Bauer, eine massige Gestalt, in Hemdärmeln, in kurzer Lederhose und blauen Kniestrümpfen. Das Haar war schon ergraut, aber das breite, glattrasierte Gesicht zeigte eine gesunde Röte, die verriet, daß sich der Roßmooser nichts abgehen ließ. Er hielt die Beine gestreckt, schmauchte in behaglicher Ruhe sein Pfeiflein und drehte, als der Senn in die Stube trat, nur langsam die Augen nach der Tür.

„Grüß Gott, Bauer!“

„Grüß Gott auch! Hast eine gfunden?“

„Wohl wohl. Aber in drei Dörfer hab ich umlaufen müssen. Jetzt mein' ich aber doch, ich hätt eine richtige Dingin gfunden, wie man's gern hausen hat unter jedem christlichen Dach.“

„Kann's aber auch kochen?“

„Wohl wohl! Sie hat's von ihrer Mutter glernt, die in ihrer Dirnzeit Pfarrersköchin gwesen is.“

Das war eine gute Verheißung. Der Bauer schmunzelte und strich mit der Pfeifenspitze über die Lippen. „Is's aber am End nit recht eine fahrige Hex? Was?“

Der Senn lächelte. „Da hörst ehnder eine Flieg husten, als ein Spitakl von dem Dirndl!“

„Und mit der Bravheit, wie steht's denn da?“

„Umgfragt hab ich überall. Aber es hat ihr kein Mensch was übels nit nachreden können.“

„Das will viel sagen. Und so ein Dirndl is gleich auf der Stell zum haben gwesen und is gern gangen?“

„Gern freilich nit! 's Zährenhaferl is überglaufen, schier nit zum stillen. Aber dem Dirndl sein Mutter is ein arme Wittib und is marod, und da hat ihm halt 's Dirndl denkt, es könnt ihm was versparen für's kranke Mutterl.“

„Schau, das gfallt mir!“ nickte der Bauer. „Aber wo bleibt denn 's Dirndl?“

Der Senn verließ die Stube. Als er unter die Haustür trat, sah er das Mädel auf der Steinbank sitzen und träumend hinaufblicken zur Waiz-Alm, deren welliges

Gelände, von rosiger Abenddämmerung umflort, hoch über dem verschneiten Bergwald lag.

„Denkst noch allweil ans Kasermanndl?“ lächelte der Senn. „Aber geh, komm jetzt, der Bauer wartet!“

Das Mädel erhob sich und folgte dem Alten in die Stube. Mit gesenktem Köpfchen, in der einen Hand das Bündel, mit der andern Hand an der Schürze nestelnd, stand sie vor dem Bauer, der sie stumm betrachtete und dem Senn mit blinzelnden Augen zuwinkte, als wollte er sagen: „Eine saubere Dingin!“ Er legte sich behaglich in den Lehnstuhl zurück, paffte ein Rauchwölkchen gegen die Decke und fragte: „Wie heißt denn?“

„Hornegger Mali.“

„Mali? So? Also, jetzt red, was kannst kochen?“

„Was halt der Bauer schafft.“

„Alles?“ staunte der Rooßmooser. „Das glaub ich aber schier nit.“ Und mit ernster Wichtigkeit stellte er ein scharfes Examen an, in dem er der Reihe nach alle seine Leibspeisen nannte. Es war eine lange Reihe. Auf keine

Frage blieb ihm Mali die Antwort schuldig, und als sie ihm gar noch eine schöne Zahl neuer Gerichte nannte, die auf der Tafel des Herrn Pfarrers, bei dem ihre Mutter vor zwanzig Jahre im Dienste stand, stets das Wohlgefallen aller zu Besuch kommenden geistlichen Amtsbrüder erweckt hatten, da schnalzte der Bauer mit der Zunge und streckte dem Mädel vergnügt die Hand entgegen.

„Schlag ein, Dirndl! Hundert Mark Lohn im Jahr, an Ostern ein neues Gwand, an Weihnächten ein richtigs Präsent und in der Zwischenzeit diemal ein bißl was nach meiner Z'friedenheit. Bist einverstanden?“

Dunkle Röte flog über Mali's Gesicht. Was ihr der Bauer bot, war doppelt mehr, als sie hatte erwarten dürfen. Da konnte sie ihrer Mutter jährlich ein schönes, klingendes Säcklein hinunterschicken. Wär' nur das erste Vierteljahr vorbei und morgen schon der Zahltag! Die kranke Horneggerin hätt's brauchen können! Mali's Augen wurden feucht, als sie ihre Hand in die Rechte des Bauern legte.

„So, jetzt bist die meinig!“ sagte er. „Halt Fried unter meim Dach, wahr Feuer und Licht, und hab mein Sach in Acht, als wär's dein eigens. Nachher soll unser Herrgott dein Eingang segnen! Jetzt laß dir vom Senn dein Stüberl zeigen, und tummel dich daß du bald in die Kuchl kommst. Völlig ausghungert bin ich die ganzen Tag her. Was kochen wir denn heut? Was meinst? Wie wär's denn mit einer Omalattisuppen?“

„Wohl wohl, Bauer!“ Mali lächelte.

„Und wie wär' denn ein eingmachts Hendl mit Griesnockerln?“

„Wohl wohl, Bauer!“

„Und Weihnächten is doch auch! Da wär eine richtige Mehlspeis auch nit zu viel. Auf was hättst denn Schneid?“

Mali zeigte ein ernstes Gesicht und blickte zum Roßmooser auf: „Leicht ein Millirahmstrudl?“

Der Bauer machte zwei Fäuste. „Millirahmstrudel! Kruzitürken! Den hab ich nimmer kriegt seit der Roßmooserin selig ihrer besten Zeit! Millirahmstrudel mit Zibeben! Tummel dich, Dirndl! Mach weiter! Weiter!“ Er schob das Mädel und den Senn zur Tür hinaus, ging in der Stube auf und nieder, guckte nach dem Geschirr im Kasten, zog die Schwarzwälderuhr auf, rieb vergnügt die Hände und stopfte sich schmunzelnd eine frische Pfeife.

Nach einer Weile war Mali in der Küche schon bei der Arbeit; sie hatte das Leibchen mit einem schwarzen Mieder vertauscht, eine weiße Schürze vorgebunden und war in dieser Haustracht freundlich anzusehen; das Herdfeuer strahlte eine rosige Glut auf ihr Gesicht. Einmal kam der Bauer aus der Stube, blieb unter der Küchentür stehen und schaute dem Mädel zu, wie es mit Geschick und Eifer schaffte. „Brav, brav!“ nickte er. Und als er wieder in die Stube ging, rief er der Magd, die für's Gesinde kochte, über die Schulter zu: „Gelt, du, daß mir keins die Mali behindern tut! Die kocht für mich!“

In der Stube, in der es trotz der fünf Fenster nun auch schon dunkel geworden, zündete er die zwei Petroleumlampen an, die an der Decke hingen. Jetzt mußte er die Bescherung für's Gesinde richten. Er deckte ein weißes Tafeltuch über den langen Tisch und stellte auf den Platz jedes Knechtes und jeder Magd einen Teller, der mit Äpfeln, Nüssen, Lebkuchen und gedörrten Zwetschen angehäuft wurde; obenauf kam das Geldgeschenk, in ein weißes Papierchen gewickelt. Auch für Mali stellte der Roßmooser einen Weihnachtsteller auf den verlassenen Platz der Hauserin.

Schlag sieben traten die Sennen, Knechte und Mägde in die Stube, schweigend, ohne Gruß. Rings um die Stube knieten sie nieder, stützten die Ellbogen auf die Holzbank und sprachen murmelnd das Abendgebet: „Der Engel des Herrn brachte Maria die Botschaft." Nur der Bauer stand während des Gebetes. Nach dem Amen erhoben sich die Gesindeleut und sagten alle miteinander: „Guten Abend, Bauer!"

„Guten Abend auch!" erwiderte der Roßmooser. „So jetzt kommts her, Leut, und schauts euch auf eure Präsenter um. Ich hoff, es wird ein jedes zfrieden sein. Ich bin mit euch auch zfrieden gwesen das ganze Jahr. Seids alle beinand? Wo is denn die Mali?"

Sie wurde aus der Küche geholt. „Ich bitt, Bauer", stotterte sie, „ich hab Eil, der Strudl is in der Hitz!"

Da lachte der Roßmooser. „Aber so viel Zeit wird er dir doch lassen, daß dein Weihnächten nimmst. Verdient hast es noch nit, bist heut erst eingstanden. Aber es is zur Aufmunterung. Schau her, da steht's."

Mali wurde rot bis unter die Haare, nahm verlegen ihren Teller auf den Arm, sagte ein leises Vergeltsgott und eilte zur Tür, um wieder in die Küche zu kommen. Mit wohlgefälligem Lächeln blickte ihr der Bauer nach: „Das Dirndl hat den richtigen Geist zur Kocherei!"

Als Mali in der Küche das weiße Papierchen öffnete, blinkte ihr ein Zehnmarkstück entgegen. Vor Freude schossen ihr die Zähren in die Augen. Zehn Mark! Zwei sorgenlose Wochen für ihre Mutter!

Die Magd kam in die Küche, um das Nachtmahl fürs Gesinde aufzutragen. Für den Bauer wurde der Extratisch gedeckt; die Hänglampen leuchteten ihm nicht hell genug, er verlangte noch eine brennende Kerze für seinen

Tisch. „Heut muß ich mir gnau anschauen, was ich krieg." Als die Mali die Suppe brachte, hielt er den Löffel wie ein gezücktes Schwert in der Hand. „Gott gsegn es!" sagte sie leis und ging, um das Hendl mit Griesnockerln zu holen. Erst als sie den Millirahmstrudel aufgetragen hatte, setzte auch sie sich an den Gesindetisch. Schüchtern griff sie zu, aber bei jedem Bissen schielte sie hinüber nach dem Extratisch; doch sie konnte kein böses Anzeichen gewahren. Die Tellerfuhren, die der Bauer in seine Scheune heimste, waren gut beladen, und immer wieder nickte er schmunzelnd vor sich hin. Von der Suppe ließ er kein Tröpflein, vom Hendl nur die Beinchen, und vom Strudl keine Zibebe übrig. Mit dem weißen Hemdärmel wischte er sich die Lippen, erhob sich und kam zum Gesindetisch.

„Dirndl, bei deiner Kocherei war heut ein mordsmässiger Fehler!"

Mali blickte erschrocken auf.

„Nach *mehr* hat's geschmekt!“ lachte der Bauer und klopfte das Mädchen freundlich auf die Schulter. Pflichtschuldig schmunzelte das ganze Gesinde zu diesem Spaß. Eine Magd begann den Tisch zu räumen, und die Knechte wollten sich erheben. Aber der Bauer sagte: „Heut is Weihnächten, Leut, heut bleiben wir noch ein bißl beinand auf ein guten Trunk! Jedem Knecht zwei Maßl Most und ein Stamperl Enzian! Weiter, Dirndln, die Spinnradln her! Und daß der Faden besser netzt, kriegt jede zum Lebzelten ein Glasl Ligori.“

Der Obersenn rückte zur Seite, um dem Bauer am Gesindetisch Platz zu machen. In steinernen Krügen wurde der Äpfelmost aus dem Keller geholt, Enzian und süßer Likör in Gläschen ausgeteilt, und der Bauer faßte den Weihnachtszelten, der gebracht wurde, machte über den riesigen Laib mit der Messerspitze drei Kreuze und schnitt dann Stück um Stück herunter, rings um den ganzen Laib. Die Knechte steckten ihre Pfeifen in Brand, die Mägde holten die Spinnräder, eins auch für Mali, setzten sich rings um den Ofen und ließen die Räder schnurren; während sie den Faden zogen, brachen sie zuweilen ein Stücklein von dem auf der Bank liegenden Lebkuchen und netzten den Bissen mit einem Schluck Likör. Zum Schnurren der Spinnräder tickte die Schwarzwälderuhr, und in dünnen, bläulichen Streifen zog sich der Pfeifenrauch durch die ganze Stube, daß die Lampen wie unter einem Schleier brannten.

Vor den Bauer hatte man ein geschliffenes Glas und einen Krug mit rotem Tiroler gestellt. Als er den ersten Trunk getan, blickte er lächelnd in der Stube umher, legte die Arme breit auf den Tisch und sagte: „So, meine Leutln, so gfallt's mir!“

„Schad, daß der Toni nit daheim is!“ meinte der Obersenn.

Der Bauer nickte. „Es hat halt sein müssen! Sonst hätt ich ihn eh nit fortgschickt. Am Feiertag kann ich ihn doch nit zur Arbeit schaffen, und der Bub ist wie ein junges Roß: wann's nit eingspannt ist, schlagt's allbot aus und macht ein Streich.“

Der Senn zwinkert. „Meinst nit, er macht seine Streich auch in der Stadt?“

„Gewiß auch noch! Es müßt der Toni nit sein!“ lachte der Bauer. „Aber meinetwegen. Da mögen sich ander Leut drüber giften. Ich nit! Was eins nit weiß, macht ihm nit heiß. Aber was ich fragen will: was macht denn heut der marode Huiser?“

Der Obersenn gab Antwort, und das Gespräch rollte weiter. Außer den beiden beteiligten sich nur noch die beiden Jungsennen am 'Dischkurs'. Die Knechte und Mägde hörten schweigend zu; sie durften nur sprechen, wenn eine Frage an sie gerichtet wurde. Nicht nur der königliche Hof, auch die Bauernhof hat ihre strenge Etikette.

Immer lebhafter plauderte der Bauer, und je mehr er plauderte, desto häufiger trank er; und je fleißiger er das Glas füllte, desto lauter wurde seine Stimme; seine Augen glänzten, und in dunkler Röte brannten seine Backen. Allerlei Späße gab er zum besten, nahm der Reihe nach die Knechte und Mägde in die Zwickmühle seiner Spottlaune und rekapitulierte alle Narrenstreiche und 'Dalkereien', die das ganze Jahr über auf dem Roßmooserhof vom Gesinde geleistet worden waren. Helles Gelächter füllte die Stube; nur immer der Knecht oder das Mädchen, dem der Spaß gerade galt, machte einen schiefen Kopf und verdrehte die Augen.

„Was is denn mit dir, Seppl?“ rief der Bauer einen Hüterbuben an. „Weswegen steckst dein Kopf gar so tief ins Mostkrügl? Meinst, es is der Gaisbock drin, der dich selbigsmal auf der Waiz-Alm gstößen hat in der Nacht?“

Der Bub wurde rot bis über die Ohren. Alle andern lachten, denn sie erinnerten sich wohl noch jener drolligen Geschichte, in der ein boshafter Geißbock die Rolle eines Gespenstes gespielt hatte. Am lautesten lachte der Bauer. „Das vergiß ich meiner Lebtag nit! Nur dran denken brauch ich, so seh ich den Buben schon wieder dahersausen über Stempen und Steiner, wie er Zetermordio schreit, käsweiß im Gesicht und zittrig am ganzen Leib, als wär der Leidige hinter ihm oder 's

Kasermanndl. Wie wär's denn, Seppl . . . heut macht's grad wieder so eine lichte Nacht . . . tätst dich nit nauftrauen auf d' Waiz-Alm? Vielleicht steht derselbige Geißbock noch allwei droben. Findst ihn aber nit, so könntst ein bißl nachschauen, was unser Kasermanndl macht?“

„Aber, Bauer!“ stotterte der Bub erschrocken. Auch den Weibsleuten verging die Lustigkeit; nur ein paar Knechte lachten noch.

Der Roßmooser leerte das Glas. „Also, Seppl, traust dich oder traust dich nit? Schau, völlig plagen tut mich d' Neugier, was der Almgeist treibt in der heutigen Nacht.“

Jetzt zeigte auch der Obersenn ein ernstes Gesicht. „So was sollt eins nit reden, Bauer! Er hat gar ein weites Ghör, derselbig auf der Alm droben!“

„Tät er denn was unrechts hören?“ lachte der Bauer. „Weißt, ich sorg mich halt, ob 's Kasermanndl heut auch sein Weihnächten hat! Also? Will's keiner nit wagen?“

In der Stube war es mäuschenstill geworden; nur die Uhr hörte man ticken und die Spinnräder schnurren. Der Obersenn erhob sich und verließ die Stube; er wollte und konnte solche Reden nicht hören.

„Den schau an, der lauft jetzt gar davon!“ lachte der Roßmooser und überflog wieder mit blinzelnden Augen sein Gesinde. „Also, wie steht's? Hat keiner die Schneid, daß er sich auffitraut? Nit umsonst! Eine Kuh aus meim Stall soll's gelten!“

Der Bauer hatte gut versprechen; in der Stube rührte sich kein Laut; die Weibsleut duckten die Köpfe und machten scheue Augen, die Knechte guckten verlegen in die Pfeifenglut oder in die Mostkrüge.

„Es war nit im Spaß gredt!“ beteuerte der Bauer mit Lachen. „Noch einmal sag ich's: Der's wagt und auffigeht in' Kaser und bringt mir den Muslöffel abi zum Zeugnis, daß er droben war . . . die schönste Kuh soll er haben aus meim Stall! Also?“ Er wartete, doch keine Antwort kam. Da schlug er die Faust auf den Tisch. „Gar keiner? Nit ein einziger hat 's Kuraschi? Ihr seids mir schöne Hasenfüß übereinand!“

Aus Mali's Fingern war der Faden gefallen, und ihr Spinnrad stockte. Mit zitternden Händen fuhr sie sich über die Stirn und Schläfe. Eine Kuh aus des Roßmoosers Stall! Die hatte einen Buckel wie ein Walfisch. Solch eine Kuh galt ihre fünfhundert geschlagene Mark! Jesus Maria! Fünfhundert Mark! Davon hätt' ihr Mutterl drei ganze Jahre zu leben! Und könnt' sich was guts antun und könnt' sich pflegen, daß sie wieder gesunden müßt' . . .

Ein Schauer rann über Mali's Glieder, es wurde ihr eiskalt ums Herz, aber sie erhob sich, ging zum Tisch und sagte mit schwankender Stimme: „Bauer, ich wag's.“

„Mar' und Josef!“ kreischte von den Mädchen eine. Und die andern starrten Mali an, als wäre sie selbst ein Gespenst. Auch dem Bauer war das Lachen vergangen; erschrocken blickte er zu dem Mädel auf, dessen Gesicht so weiß war wie das Linnen auf dem Tisch. „Ja Dirndl, bist denn narrisch worden?“

„Ich tu's nit aus Spott oder Übermut," lispelte Mali, „ich tu's weil ich muß."

Der Roßmooser fuchtelte mit den Händen und schüttelte den Kopf. „Nix da, Dirndl! Nix, nix! Das laß ich nit zu!"

Mali sah ihn mit großen Augen an. „Ich hab gmeint, der Bauer hätt im Ernst gredt! Und Bauernwort hat doch allweil noch sein richtigs Gwicht, mein' ich!" Dem Roßmooser verschlug es die Rede; aber während er sich auf ein vernünftiges Wort besann, ging Mali schon zur Tür. „Ich richt mich zum Gang, Bauer!"

Als sie die Stube verlassen hatte, erhob sich hinter ihr ein wirrer Spektakel von schreienden Stimmen. Sie drückte die zitternden Hände über die Ohren, lief in die Küche, riß die weiße Schürze herunter, fuhr in die genagelten Schuhe, zog das warme Leibchen an und wickelte ein wollenes Tuch um Kopf und Schultern. So kehrte sie in die Stube zurück, in der es bei ihrem Eintritt plötzlich wieder still wurde. Die Spinnräder waren verlassen, die Mägde standen auf einem Knäuel beisammen, die Knechte hatten sich vom Tisch erhoben. Nur der Bauer saß noch auf seinem Platz. Sein kleines Räuscherl schien verflogen, denn seine Augen blickten ernst; aber die Röte auf seinem Gesicht war dunkler geworden.

„Ich bin fertig, Bauer!“ sagte Mali. „Um ein Laterndl tät ich bitten.“

Der Bauer erhob sich; es schien ihm schwer in den Knien zu liegen. „Schau, Mali, die ganzen Gsindleut reden mir zu, ich soll dich nit gehn lassen.“

„Wohl wohl!“ fiel der Chorus ein.

„Ich hätt das Wort nit sagen sollen, Es war ein Übermut. Aber gsagt is gsagt, und jetzt muß ich's einlösen. Was tät denn noch gelten in der Welt, wenn nit Bauernwort? Es müßt ja rein ausschauen, als ob's mich reuen tät wegen der Kuh. Grad recht gschieht mir, wann ich's hergeben muß. So wünsch ich halt nur das einzig, daß die schieche

Sach gut ablauft. Für dich, Dirndl!“ Seine Stimme schwankte. „Und daß dir kein Fahrnis nit ankommt.“

„Ich tu mich nit fürchten, Bauer,“ sagte Mali mit gezwungenem Lächeln, „der liebe Herrgott geht mit mir und die heilig Mutter Marie.“

„Ja, Dirndl, das is eine gute Gleitschaft. Aber weißt denn auch den Weg? Freilich, er is ja nit zum fehlen, führt ja vom Roßmoos der breite Holzweg auffi bis zum Kaser. 's Laterndl! Wo is denn 's Laterndl?“ Der Hüterbub lief aus der Stube, um die Laterne zu holen. „Und hast denn auch ein gweihten Wachsstock? Nit? Hol eins den meinigen aus der Kammer! Der is doppelt gweiht, der brennt lichter.“

Der Wachsstock wurde gebracht, in der Laterne befestigt und angezündet.

„So, Dirndl! Und jetzt pack's halt an in Gottes Namen!“ Der Bauer faßte Mali bei der Hand, führte sie zur Tür und besprengte sie mit Weihwasser. „Schau, das wird dir auch gut tun und wird sein' Kraft nit verleugnen! Jetzt komm halt, bist ein bravs Dirndl, ich weiß schon, warum du's tust. Und ich bin ein grauslicher Kerl.“ Der Roßmooser war schier das Weinen nahe. Als er in den dunklen Flur trat, fuhr er sich schnell mit dem Ärmel über die Nase und flüsterte in Mali's Ohr: „Wirst sehen, es is gar keiner nit droben, kein Geist nit.“

Mali atmete auf und trat mit dem Bauer ins Freie. Wispernd und zischelnd drängten sich die Mägde und Knechte hinter den beiden her.

Still und dämmerig lag die Winternacht über den Bergen; kein Lufthauch rührte sich; in hellem Glanze funkelten die tausend Sterne.

Mali bekreuzte sich mit zitternder Hand und faßte ihren Bergstock, der neben der Steinbank noch an der Mauer lehnte.

„Jetzt geh ich halt! Gelobt sei Jesus Christus!“

„In Ewigkeit, Am'!“ sagte der Bauer. Und die Knechte und Mägde sprachen es ihm nach.

Langsam, in der einen Hand den Bergstock, in der andern die schwankende Laterne, schritt Mali in die Nacht hinaus. Schweigend sah ihr der Bauer nach, während hinter ihm die Gesindleut erregt durcheinanderflüsterten.

Der Hüterbub zog vor Gruseln den Kopf zwischen die Schultern, daß die langen Ohren fast verschwanden. „Die kommt nimmer heim! 's Gnack dreht er ihr um, der selbige!"

„Ah na!" lispelte eine der Mägde. „Unser Herrgott wird das Dirndl nit verlassen."

„Das is eine!" murmelte eine andere Stimme. „Die hat Hosen an!"

„Und Haar auf die Zähn!"

Unwillig drehte sich der Bauer um. „Daß mir keins nit spotten tut über die Mali! Wenn eins von euch was reden will, soll's sagen, es laßt das Dirndl nit allein gehen auf dem gfahrlichen Weg. Das wär eine Red, die ich gern hören tät!“ Lautlose Stille folgte diesen Worten. „Gelt? Jetzt könnts den Schnabel wieder halten?“

Da kam der Obersenn von den Ställen her über den Hof. Er machte große Augen, als er die Leute vor der Haustür stehen sah. „Was gibt's denn?“

Als er hörte, was geschehen war, schlug er erschrocken die Hände über dem Kopf zusammen. „O du grundgütiger Heiland! Bauer, was hast denn da jetzt angstiftet?“

Der Roßmooser wußte keine Antwort.

Ein paar Mägde wollte sich davonschleichen. Aber der Senn vertrat ihnen den Weg. „Nix da! Heut geht keins nit schlafen! Alles bleibt in der Stuben und hilft den Rosenkranz beten.“

„Wohl wohl,“ sagte der Bauer, „der Senn hat recht!“

Und nun ging's in die Stube. Rings um die Bänke knieten sie alle nieder, und der murmelnde Klang ihrer betenden Stimmen füllte den Raum.

Die Stimme des Roßmoosers hörte man aus allen andern heraus. Wenn er das Gesicht ein wenig hob, konnte er aus dem Fenster blicken. Dann sah er weit draußen im Schneefeld den zitternden Schein der Laterne . . .

Nun erlosch das Licht. Mali hatte den Wald betreten.

Auf dem breiten Almweg hatte sie ein gutes Gehen, denn der Schnee war niedergedrückt von den Kufen der Holzschlitten. Im Walde herrschte lautlose Stille; nur manchmal fiel ein Klumpen Schnee mit sachtem Klatsch durch das Gezweig. Die Laterne warf um Mali einen lichten Kreis, den ihr eigener gaukelnder Schatten schwarz durchbrach. Eine spärliche Helle fiel noch in den Wald, sodaß die nahen Baumstämme und Wurzelstöcke in mattem Licht aus dem Dunkel hervortraten, um gleich wieder unterzutauchen in der Finsternis.

Mali blickte nicht zur Rechten, nicht zur Linken; die Augen auf den Weg gesenkt, stieg sie gleichmäßigen Ganges empor über den steilen Waldhang. Jede furchtsame Regung, die in ihr aufsteigen wollte, unterdrückte sie durch den Gedanken an die Mutter, und dabei sprach sie mit flüsternder Stimme ein Vaterunser um das andere.

Einmal aber zuckte ihr doch ein kalter Schreck durch alle Glieder. Sie hörte ein Schleichen und Rascheln im Wald, sah einen finstern Schatten gleiten und auf dem Weg erscheinen. „Alle guten Geister!“ stammelte sie und riß die Laterne in die Höhe. Wenige Schritte vor ihr stand mitten auf dem Weg ein Reh und starrte in die Lichtschein der Laterne. Als Mali sich bewegte, machte das Tier ein paar flüchtende Sätze, blieb wieder stehen, blickte sich um, schüttelte die Lauscher und trollte über den Weg, in der Finsternis lautlos verschwindend.

„Da hat sich jetzt eins vor dem andern gforchten!“ dachte Mali und atmete tief auf. Neuer Mut erwuchs ihr aus dem glücklich überstandenen Schreck. Sie war nicht allein in Nacht und Wald! Und die Rehe, Hirsche und Gemsen, wie könnten sie denn leben und hausen auf der Welt, wenn nicht jedes auf Schritt und Tritt seinen guten und starken Schützer hätte? Warum sollte der nicht auch ein Erbarmen haben mit ihrem unschuldigen Menschenleben? Und nun gar in dieser heiligen Nacht, in welcher Er den einzigen Sohn aus Liebe zu den Menschen auf die Welt geschickt!

Freilich, wenn sie an das Ziel ihres Weges dachte, kam ihr Mut wieder bedenklich ins Wanken. Aber hatte denn nicht der Senn gesagt: „Das Kasermanndl is ein ungefahrlicher Geist, der noch keinem was Übels nit antan hat?“ Weshalb sollte er gerade ihr ein Leid zufügen? Und überhaupt, wer weiß? Vielleicht ist die Geschichte mit dem Kasermanndl gar nur eine 'fromme Red', eine Vermahnung für die Almleute, rechtschaffen und brav zu sein? Vielleicht hatte der Roß- mooser recht, als er sagte: „Wirst sehen, es is gar keiner nit droben, kein Geist nit!“ Doch nein! Der Ahnl des Sennen hat das Kasermanndl gesehen! Aber vor sechzig Jahr! Was kann in sechzig Jahren nicht alles geschehen! Wär's denn nicht möglich, daß in dieser langen, langen Zeit ein frommes Menschenkind den armen, schwer gestraften Geist schon längst erlöst hätte? Dann müßte sie den Kaser leer und dunkel finden, dürfte nur den Muslöffel von der Wand nehmen und hätte die schöne Kuh verdient, so leicht 'wie im Gspiel'!

Dieser neue Gedanke nahm ihr einen schweren Stein vom Herzen und weckte eine ermutigende Hoffnung in ihrer Brust. Rascher stieg sie empor, aber mit dem Beten setzte sie nicht aus. Das wäre für alle Fälle, meinte sie.

Der Bergwald ging zu Ende, das offene Almenland begann, und nun kam für Mali ein hartes Stück Arbeit. Sie mußte sich empormühen durch tiefen, ungebahnten Schnee. Eine halbe Stunde plagte sie sich, daß ihr die Kräfte fast versagen wollten. Und dabei gewann sie nur eine Strecke von der Weite eines Steinwurfs. Erschöpft und keuchend hielt sie endlich inne und hob die Laterne, um zu sehen, ob in der Nähe aus dem Schnee nicht ein Felsblock hervorstünde, auf dem sie rasten könnte. Da gewahrte sie auf dem Schneegrund einen dunklen Streif. Hastig watete sie darauf zu und fand einen ausgetretenen Pfad. War es ein vielbegangener Gemswechsel oder der

Schneesteig eines Jägers? Aber das fragte sie sich nicht lange – sie war froh, den Pfad gefunden zu haben. Er führte über einen steilen, kahlen Hang empor; dort oben mußte sie ebenen Grund finden.

Sie stieg und stieg; kaum aber tauchte sie mit den Augen über die Höhe des Hügels empor, da stockte ihr der Herzschlag, und sie stand wie erstarrt vor eisigem Schreck. Der Bergstock entfiel ihrer Hand und kollerte lautlos über den Schnee.

Kaum hundert Schritte vor ihr, im ebenen Almfeld, stand der Kaser mit hellerleuchteten Fenstern und mit offener Tür, durch die ein roter Feuerschein einen grellen Lichtstreif herauswarf über den verschneiten Grund.

Jetzt war es richtig! Oder vielmehr: es war *nicht* richtig! Der Senn hatte recht behalten. Das Kasermanndl hauste auf der Waiz-Alm.

In Mali's Brust begann das Herz zu schlagen, daß ihr das jagende Blut die Pulse fast zersprengen wollte. In einem Augenblick war ihr, als stünde sie in Glut versunken, im andern brach ihr wieder der kalte Angstschweiß aus allen Poren. Sie wollte sich bekreuzen und konnte den Arm nicht rühren, wollte beten und konnte nur noch lallen.

Als sie fühlte, daß die Erstarrung ihrer Glieder sich löste, wandte sie sich zur Flucht und rannte hinunter über den steilen Schneehang. Hinter ihr versank der Kaser mit seinen roten Fenstern und seiner leuchtenden Tür. Als sie einen scheuen Blick über die Schulter zurückwarf, sah sie nur noch den nachtgrauen Schnee und den Himmel mit den funkelnden Sternen. Doch nein, noch etwas anderes sah sie: ein kleines, armseliges Stübl, an dessen Fenstern alle Scheiben gefroren waren, denn der Ofen hatte das bißchen Wärme längst verloren; im gebrechlichen Lehnstuhl saß eine alternde Frau mit kränklichem Gesicht und geduldigen Augen; sie war in dicke Kotzen gehüllt, und dennoch zitterte sie vor Kälte und Schwäche; ihr zu Füßen, auf einem Schemel, saß ein zwölfjähriger Bub und rieb mit seinen Fingern die kalten Hände der Mutter, damit sie sich erwärmen möchten; als er müde wurde, drückte er das Gesicht in den Schoß der alten Frau; zärtlich streichelte ihm die Mutter das Kraushaar und lispelte: „Wart nur, Hansi, wart nur ein bißl noch, es dauert nimmer lang, auf die Mali kann man sich verlassen!“

Das Bild zerrann in den Tränen, mit denen sich Malis Augen füllten. „Mein Gott, Mutterl, mein Gott, wär's nur nit gar so ein schiecher Gang!“

Aber sie floh nicht weiter. Sie stand und blickte in ratloser Angst über den Bergwald hinunter in das graue Tal. Wie ein schwarzes Flecklein lag der Hof im Roßmoos, und aus dem Schatten blinkten winzige Sterne: die erleuchteten Fenster.

„Leicht beten s' für mich?“ dachte Mali. Sie atmete tief und wandte das Gesicht. Langsam, Schrittlein um Schrittlein, stieg sie über den Schneehang hinauf. Und wieder lag der Kaser vor ihr mit hellen Fenstern und roter Tür.

„Alle guten Geister loben Gott den Herrn!“ stammelte sie. Mit bebender Stimme begann sie das Vaterunser zu beten und ging dem Kaser zu. Schon hörte sie das Prasseln des Herdfeuers, das Klappern schwerer Tritte und das Geräusch einer Hantierung. Als sie sich der offenen Tür bis auf wenige Schritte genähert hatte, konnte sie in das Innere der Hütte blicken. Neben dem lodernden Feuer stand ein baumlanger Kerl, gekleidet wie ein Senn, mit schwarzem Haar und noch schwärzerem Gesicht.

Mali war wie versteinert. Nur langsam kam ihr die Besinnung. Es mußte doch wohl ein *guter* Geist sein, der im Kaser hauste, sonst hätte sie den Geruch von brennendem Pech und Schwefel verspüren müssen. Denn ohne einen solchen geht's niemals ab bei höllischen Gespenstern. Auch hatte das Kasermanndl schon *weiße* Hände. Es hatte also wohl schon einen großen Teil seiner Sünden abgebüßt. Denn je länger die Geister büßen, desto weißer werden sie, 'von unt auf'.

In Mali erwachte ein Gefühl, fast wie Mitleid und Erbarmen. Noch einmal murmelte sie den bewährten Spruch: „Alle guten Geister!“ Dann nahm sie den

Wachsstock aus der Laterne, machte über Stirne, Mund und Brust das Zeichen des Kreuzes, hielt das brennende Lichtlein zwischen den gefalteten Händen und trat in die Hütte. Mit ihrem starren Blick und dem totenblassen Gesicht, das vom lauteren Glanz des Wachslichtes überschimmert war, hätte man sie selbst für ein unirdisches Wesen halten mögen, das in menschlicher Gestalt erschien.

Das Kasermanndl mußte wohl gleich den Duft des geweihten Wachses verspürt haben – Geister besitzen für solche Dinge eine feine Nase – denn es fuhr erschrocken zusammen und stand, an allen Gliedern zitternd, in der einen Hand einen hölzernen Napf, in der andern den Muslöffel. Die weit offenen Augen, in denen sich der rote Glanz des Herdfeuers spiegelte, funkelten wie glühende Kohlen und hingen wie gebannt an Mali, die sich mit kaum merklichen Schritten langsam an der Wand entlang zur Bank schob, auf die sie sich lautlos niederließ.

Da wandte sich das Kasermanndl wieder zum Feuer. Und seltsam: dabei machte der Geist mit der Hand, die den Muslöffel hielt, eine Bewegung nach dem Gesicht, als ob er sich bekreuzen wollte. Der Duft des geweihten Wachses war ihm wohl scharf in die Nase gegangen. Eine Weile hantierte er am Herd, als wäre er allein in der Hütte und Mali nur Luft für ihn. Krampfhaft rührte er mit dem Muslöffel den Teig durcheinander, der den hölzernen Napf fast bis zum Rand erfüllte; manchmal räusperte er sich, als wäre ihm die Kehle trocken, und ein Scheit um das andere legte er ins Feuer, daß die Flamme immer höher loderte. Nun stellte er den Napf auf den Herdrand und nahm eine eiserne Pfanne von der Wand; dabei schielte er hastig nach dem Mädel, das, mit dem brennenden Wachslicht zwischen den gefalteten Händen, noch immer regungslos auf der Bank saß, die starren Augen auf den Muslöffel gerichtet, den das Kasermanndl nicht aus der Hand legte.

Aus einer Holzschachtel stach der Geist mit dem Löffel ein faustgroßes Stück Schmalz heraus und gab es in die Pfanne; dabei fiel ein Bröcklein, wie eine Bohne, auf die Erde. Mali erhob sich und ging lautlos zum Herd; scheu wich das Kasermanndl vor ihr zurück; aber sie sah es nicht, sie bückte sich mit gesenkten Augen, hob das Bröcklein Schmalz von der Erde, blies den Staub davon und legte es in die Schachtel.

„Es is Gottesgab und Almgut!“ sagte sie mit leiser Stimme und setzte sich wieder auf ihren Platz.

Das Kasermanndl stand wie eine steinerne Säule und starrte aus seinem schwarzen Gesicht heraus mit glühenden Augen nach dem Mädel, das den brennenden Wachsstock neben sich auf die Bank gestellt hatte und die gefalteten Hände im Schoße hielt. Endlich wandte sich der Geist unter schwerem Atemzug wieder zum Herd, setzte die Pfanne über das Feuer, und als das zerrinnende Schmalz zu zischen begann, ließ er den Teig in die Pfanne laufen; er legte noch ein paar Scheite nach und setzte sich auf den Herdrand; während er den Muslöffel zwischen den Beinen baumeln ließ, blickte er bald in die Pfanne, bald ins Feuer, bald wieder zur Tür.

Mali saß regungslos und bewegte in stillem Gebet kaum merklich die Lippen.

Sacht brodelte die kochende Speise, das Feuer knisterte, und manchmal strich ein kalter Lufthauch zur offenen Tür herein und machte die Herdflamme rauschen.

Endlich schien dem Geist das lange Schweigen nicht mehr zu behagen; er streifte Mali mit schiefem Blick und fragte: „Kommst von weit her?“

„Von drunt auffi!“ sagte das Mädel mit tonloser Stimme.

Das Kasermanndl fragte nicht weiter; es schien genug zu wissen.

Eine Dampfwolke stieg aus der Pfanne; der Geist sprang auf und stocherte hastig mit dem Muslöffel die qualmende Speise durcheinander. Nun plötzlich wandte er sich mit jähem Ruck vom Feuer ab und trat mit zwei langen Schritten dicht vor Mali hin, die sich vor Schreck zusammenduckte wie ein Vogel vor dem Geier.

„Jetzt muß ich einmal wissen, wie ich dran bin mit dir!“ sagte das Kasermanndl mit rauh und heiser klingender Stimme. „Bist ein Menschenkind, oder bist eine Salige?“

„Ich bin die Hornegger-Mali.“

Das schwarze Gesicht des Geistes wurde lang und länger. „Wer bist?“

„Die neue Hausdirn vom Roßmooserhof.“

„Im Roßmoos?“ rief das Kasermanndl staunend und riß Mund und Augen auf. „Seit wann denn?“

„Seit heut am Abend.“

Verwundert schüttelte der Geist den schwarzen Kopf. „Aber so sag mir nur grad, was schaffst denn da heroben in Nacht und Schnee?“

Dem Mädel versagte die Stimme.

„So red doch!“

Mali schöpfte tief Atem, und mit angstvollen Augen zu dem Unheimlichen aufblickend, stotterte sie: „Der Bauer hat . . . hat ein übermütigs Wörtl gsagt . . . er tät eine Kuh dafür geben, wenn eins sich herauftrauen tät auf die Waiz-Alm und . . . und . . . und nachschauen . . ."

„Was der Kasermanndl macht?" schrie der Geist mit klingender Stimme und brach in Gelächter aus. Mali zitterte an allen Gliedern. Das Kasermanndl aber lachte, fuchtelte wie närrisch mit dem Muslöffel in der Luft umher und schlug die Fäuste an den Schenkel, daß es klatschte. Und immer wieder, unter Lachen und Lachen, schrie der Geist: „So was! So was! Ah, da hört sich aber doch alles auf!"

Wer weiß, wie lange er noch fortgelacht hätte! Aber aus der Pfanne ließ sich ein verdächtiges Zischen hören. Das Kasermanndl sprang zum Herd, rüttelte die Pfanne, warf mit dem Löffel emsig die Speise durcheinander und blickte schmunzelnd immer wieder über die Schulter zurück nach dem Mädel. Nun kam der Geist und setzt sich neben Mali auf die Bank. Erschrocken rückte sie zur Seite. Das Gespenst aber lachte: „Mußt dich nit fürchten vor mir! Was ein richtiger Geist is, weißt, der tut einem braven Dirndl nix Übels nit an!"

Mali blickte mit scheuen Augen auf und atmete ein bißchen leichter. Gespenster lügen nicht. Das wußte sie ganz genau.

„Also," lächelte das Kasermanndl, „die Kuh hast du dir verdienen wollen?"

„Nit aus Geiz!" stammelte Mali hastig. „Ich hab ein kranks Mutterl daheim." Alle Angst und Liebe ihres Herzens zitterte in diesen Worten.

Das Kasermanndl rückte näher; es lachte nicht mehr; schweigend saß es, die Ellbogen auf die Knie gestützt, vorgeneigten Gesichtes, und hing mit stillen, freundlich blickenden Augen an Malis Zügen.

Das Feuer hörte zu knistern auf und brannte mit ruhiger Flamme, in der Pfanne verstummte das Brodeln, und fast lautlose Stille war in der Hütte. Ganz leise, kaum noch vernehmbar, kamen windverwehte Klänge aus dem fernen Tal heraufgeschwom- men durch die Lüfte. Man läutete im Dorf mit allen Glocken zur Weihnachtsmette.

Plötzlich erhob sich das Kasermanndl. Tief atmend, wie aus einem Traum erwachend, strich mit der Hand über das Haar herunter und trat zum Herd. Es hob die Pfanne vom Feuer, stellte sie auf den Herdrand und legte ein paar frische Scheite über die Kohlen; prasselnd wuchs die versinkende Flamme wieder.

„So!" sagte das Kasermanndl, holte zwei zinnerne Löffel aus einer Lade und setzte sich neben die Pfanne. „Jetzt komm her und tu mit, du brave Dingin, du schneidige!"

Mali schien über diese Einladung nicht erfreut. Aber da gab es kein Weigern. Zitternd erhob sie sich und kam zum Herd geschlichen, um das höllische Nachtmahl des Gespenstes zu teilen. In der Pfanne sah sie etwas grauslich Schwarzes liegen, denn der hohe Rand des Bleches warf seinen Schatten über die Speise. Mali freilich schrieb diese Schwärze einer ganz andern Ursache zu. Während sie sich auf den Herdrand niederließ, machte sie schnell und heimlich das Kreuzzeichen gegen die Pfanne, und als sie nun mutig zugriff, lag auf dem Löffel der schönste goldgelbe Schmarren, der durchaus nicht nach der Apotheke des Teufels roch, sondern ganz angenehm nach irdischer Küche duftete.

Schweigend aßen die beiden. Mali hielt die Augen gesenkt, während das Kasermanndl keinen Blick von ihr verwandte. Nach einer Weile fragte das Gespenst:

„Sag noch einmal: *wie* heißt?“

„Mali.“

„Mali? Der gfallt mir, der Nam! Und wo bist daheim?“

Sie nannte ihr Heimatsdorf. Das Kasermanndl stellte Frage um Frage. Mali gab Antwort. Und so hatte sie bald die ganze, kleine, stille Geschichte ihres Lebens erzählt. Ihre Mutter war aus der Fremde in den Pfarrhof gekommen und hatte als Köchin bis nah an ihr vierzigstes Jahr gedient; dann hatte sie einen Schachtelmacher geheiratet und von ihren Ersparnissen ein kleines Haus im Dorf erworben; Mali wurde geboren, und ein paar freundliche Jahre hielten Einkehr unter dem bescheidenen Dach. Dann kamen schwere Zeiten. Zwei Kinder starben. Das jüngste, ein Bub, kränkelte mehrere

Jahre lang. Malis Vater verunglückte bei einem Hochwasser, und die arme Wittib mußte schaffen wie ein Roß, um mit ihren Kindern ein leidliches Auskommen zu finden. Nun war es aber seit Jahr und Tag mit der Kraft der alten Frau zu Ende. Und es war an Mali die Reihe, die Sorge für Mutter und Bruder zu tragen.

Es war nicht viel zu hören an dieser Geschichte, und dennoch lauschte das Kasermanndl so aufmerksam, als würde ihm die merkwürdigste Sache von der Welt erzählt. Das reine, kindliche Gemüt des Mädchens überleuchtete die stille, kleine Geschichte, wie ein Sonnenstrahl auch das engste, armseligste Stübl mit Licht und Wärme füllt. Dazu die bange Scheu, das Zittern und Stammeln, mit dem das Mädel jedes Wörtlein vorbrachte! Da hätten Rührung und freundliches Wohlgefallen auch ein schlimmeres Gespenst überkommen müssen, als das Kasermanndl eines war!

Die Pfanne stand geleert. „Vergeltsgott!" flüsterte Mali, erhob sich und blieb mit gesenkten Augen, unschlüssig, vor dem Herde stehen.

„So, jetzt hast gessen, und jetzt willst wieder fort, gelt?“ schmollte der Geist.

Mali blickte nur ein bißchen auf. Sie wagte keine Antwort. Das Bedauern aber, das unverholen aus den Worten des Gespenstes sprach, erschien ihr begreiflich. Wer Nacht um Nacht, vielleicht seit vielen hundert Jahren schon, in der menschenfernen Einöd einsam geistern muß, dem mag zuweilen eine kleine Ansprach nicht unwillkommen sein. Sie hatte Erbarmen mit dem geplagten Gespenst. Aber bei allem Mitleid gingen ihre Gedanke doch immer nach der Tür. Und dennoch fand sie nicht den Mut, sich von der Stelle zu rühren.

Das Kasermanndl hatte die zwei Zinnlöffel in die Lade zurückgelegt und die Pfanne an die Wand gehängt. Lächelnd blieb es vor Mali stehen und fragte: „Warum gehst denn nit?“

„Weil . . . weil . . .“ ihre Stimme drohte zu versagen, „weil ich den Muser mitbringen soll . . . als Wahrzeichen.“

„No also, da hast ihn halt!“ sagte der Geist und reichte ihr den eisernen Löffel.

Zögernd griff sie zu, denn sie fürchtete, daß sich der Löffel anfühlen würde wie glühendes Eisen. Aber sie spürte kaum eine gelinde Wärme. Tief atmend schob sie den Löffel mit zitternden Händen hinter das Miederband und wandte sich zur Bank. Jäher Schreck befiel sie, als sie gewahren mußte, daß der geweihte Wachsstock niedergebrannt und erloschen war. Nur ein schwarzes Stümplein Docht und zwei Flecke zerschmolzenen Wachses waren noch übrig. Nun war sie ihrer besten Waffe wider alle Mächte der Dunkelheit beraubt!

Auch der Geist schien gemerkt zu haben, daß er jetzt der Stärkere war. Er trat dicht vor Mali hin. „Was tätst denn sagen, wann ich dich jetzt nit fortlassen möcht?“ Doch als er ihr Zittern sah und ihr blasses Gesicht, lenkte er wieder ein. „Geh, tu dich nit fürchten! Ich kann dich nit halten, wenn nit selber bleiben magst. Aber . . . ich mein' halt doch, daß wir zwei nit 's letzte Mal beinand waren. Ich muß dir halt einmal erscheinen.“ Nun lächelte der Geist sogar. „Aber gelt, dem Bauer mach nur ein bißl heiß! Und sag ihm, er soll keine so übermütige Red nimmer tun! Ein anders Mal könnt's leicht nit so gut ausgehen wie heut."

Gut ausgehen! Mali klammerte sich an dieses verheißungsvolle Wörtlein wie der Ertrinkende an den rettenden Balken, den eine erbarmungsvolle Welle ihm zugeworfen.

„Und wegen der Kuh . . . ich mein', die hast dir redlich verdient . . . wegen der Kuh kannst ihm sagen: er soll dir die braune Liesl geben und keine andere nit! Und wenn's ihm leicht nit recht wär, so sagst ihm ein schön Gruß von mir, und er hätt's mit mir z'tun."

Mali brachte keinen Laut über die Lippen; sie nickte nur immer, und alles schwamm ihr vor den Augen, während sie Schrittlein um Schrittlein zurückwich gegen die Tür.

Nun schwieg auch das Kasermanndl. Aber es verwandte keinen Blick von Mali. Jetzt tat es gar einen Seufzer, völlig wie ein Mensch, dem das Herz recht schwer geworden.

Und sagte: „In Gottes Nam, jetzt geh halt und schau, daß gut heimkommst, gelt? Aber d' Hand könntst mir doch geben zum Bhüt Gott? Oder nit?"

„Gelobt sei Jesus Christus!" wollte Mali stammeln. Aber das fromme Sprüchlein blieb ihr in der Kehle stecken. Sie streckte die zitternde Hand. Das Kasermanndl griff mit beiden Händen zu. Und da spürte sie einen Druck, so heiß, als hätte sie die Hand in helles Feuer getaucht. Durch die Arme, durch den ganzen Körper rann ihr die seltsame Glut, bis hinein ins Herz. Erschrocken zog sie die Hand zurück und taumelte fast, als sie sich zur Tür wandte.

Da schien dem Gespenst ein Einfall zu kommen. Es sprang in einen Winkel der Hütte. Dort hing neben andern, recht irdisch aussehenden Dingen eine Lodenjoppe an der Wand. Das Kasermanndl griff in diese Joppe, eilte dem Mädel nach, und just, als Mali hinauswankte zur Tür, ließ das Gespenst etwas Schweres in ihre Rocktasche gleiten und flüsterte: „Schau, da hast was für dein kranks Mutterl! Und bhüt dich Gott, Mali! Bhüt dich Gott!“

Mali wußte kaum, wie ihr geschah; alles wirbelte vor ihren Blicken; sie taumelte hinaus ins Freie, und erst, als ihr die eisige Nachtluft ins Gesicht schlug, kam sie halb zur Besinnung. Fort, nur fort! Das war ihr einziger Gedanke. Sie dachte nicht an die Laterne, die sie mitgebracht, nicht an den verlorenen Bergstock. Geraden Weges, in überstürztem Laufe, rannte sie talwärts durch den tiefen Schnee. So oft sie einen scheuen Blick zurückwarf über die Schulter, sah sie die rotleuchtenden Fenster der Almhütte und die schwarze Gestalt in der offenen Tür. Endlich, endlich tauchte der unheimliche Kaser unter in der finsteren Nacht. Erschöpft hielt Mali inne und drückte die zitternden Fäuste auf ihre atemlose Brust. Dann plötzlich fuhr sie mit der rechten Hand vor die Augen – es war die Hand, die sie dem Gespenste gereicht hatte. Aber sie konnte an den Fingern keine Spur eines Brandmals gewahren. Freilich, es war stockfinstere

Nacht: aber sie spürte auch keinen Schmerz, und die Hand war anzu- fühlen, als wäre sie unversehrt.

Aufatmend schlug Mali ein Kreuz und begann in stammelnden Lauten zu beten. Als sie nun wieder zu laufen anfing, fühlte sie an ihrem Röcklein etwas Schweres baumeln. Hastig fuhr sie mit der Hand in die Tasche und griff ein lederndes Beutelchen. Ein heißer freudiger Schreck befiel sie. Es fehlte ihr der Mut, das Beutelchen hervorzuziehen, aber mit zitternden Händen fühlte sie, daß es kugelrund war, dickvoll von großen, schweren Münzen. Nun plötzlich fielen ihr auch die letzten Worte ein, die das Gespenst zu ihr gesprochen: „Schau, da hast was für dein kranks Mutterl!"

Die Tränen schossen ihr in die Augen, und wie ein peinigender Schmerz zuckte es durch ihre Seele. Sie hatte genommen, was der gute Geist gegeben, und nicht einmal an ein Vergeltsgott hatte sie gedacht! Und noch ein anderer Gedanke blitzte in ihr auf. Wie gut und freundlich war das Kasermanndl zu ihr gewesen! Nicht das Geringste hatte der Geist ihr zu leid getan, hatte an ihre kranke Mutter gedacht und hatte sie reichlich beschenkt! Und weshalb das alles? Wohl nur deshalb, weil der Geist gehofft hatte, daß jetzt die Stunde seiner Erlösung gekommen wäre. Ein Wörtlein, nur ein einzige Frage hätt' es sie gekostet, und der gute Almgeist wäre ledig gewesen seiner heißen Pein und Buße! Sie aber hatte in ihrer blinden, unfrommen Angst den günstigen Augenblick ungenutzt vorübergehen lassen, hatte ein gutes, christliches Werk versäumt, eine schwere Sünde auf ihr Herz geladen. Und der arme, gute Geist mußte nun hundert lange Jahre warten und weiter büßen, bis wieder solch eine günstige Stunde käme!

Aber war diese gute Stunde denn wirklich schon vorüber? Wär' es nicht jetzt noch Zeit?

Sie besann sich nicht länger. Wohl zitterten ihr alle Glieder, wohl lag über ihr eine kalte Angst, daß ihr fast die Zähne klapperten. Doch ohne Zögern, in keuchender Hast, begann sie wieder über den steilen Schneehang emporzusteigen. Da lag der Kaser vor ihr mit roten Fenstern. Sie erreichte die Tür. Einen Augenblick hielt sie inne, als befiele sie ein Schwindel. Dann trat sie in die Hütte.

Das Kasermanndl saß neben dem erlöschenden Feuer auf dem Herd und hielt das schwarze Gesicht in die Hände vergraben, wie in Schmerz und Trauer.

„Alle guten Geister loben Gott den Herrn!"

Betroffen blickte der Geist beim Klang dieser Worte auf. „Mali, du?" rief er mit freudig klingender Stimme und sprang auf das Mädel zu.

Mali stand regungslos, mit gefalteten Händen. „Im Namen Gott des Vaters," stammelte sie, „Gott des Sohnes und Gott des heiligen Geistes! Was ist *mein* Begehr? Wie kann ich mich erlösen?"

Verwundert starrte der Geist das Mädel an. Dann plötzlich lachte er lustig auf. Aber gleich wieder wurde er ernst. Er schien zu begreifen, daß es sich um seine Erlösung handle, und das war für ihn doch gewiß eine höchst wichtige Sache. Lange, lange besann er sich.

Mit schwacher Stimme wiederholte Mali die Frage: „Was ist mein Begehr?“

Da blitzten die Augen des Geistes, und es zuckte merkwürdig um seine schwarzen Lippen. „Ein Bussel von einem braven, saubern Dirndl, ich mein', das tät schon was ausrichten bei mir.“

Mali erschrack, daß ihr die gefalteten Hände auseinanderfielen.

Das Kasermanndl seufzte. „Hab ich ein bißl z' viel verlangt? Weißt, ein sündhaften Geist erlösen, das is halt allweil eine schwere Sach. Aber schau, du wärst die richtige, du könntst mir helfen! Ein Bussel von dir, und meine arme Seel is im Himmel!“

Ein kalter Schauer rann über Malis Schultern. Dann drückte sie die Augen zu. Im gleichen Augenblick fühlte sie sich von zwei starken Armen eng umschlungen. Sie hörte einen hellen Jauchzer, so hell, daß die Wände der Hütte klangen. Und plötzlich regnete es heiße, ungestüme Küsse über ihre Lippen und Wangen. Sie wollte um Hilfe schreien, aber ihre Worte erstickten. Sie wollte sich wehren, doch die Arme des Kasermanndl hielten sie fest, und Malis Kraft erlahmte. Sie ließ die Arme sinken und lag mit taumelnden Sinnen an der Brust des Gespenstes, das im Küssen unersättlich schien. Wenn jeder Kuß der Loskauf einer Sünde war, wie viele Sünden mußte das Kasermanndl auf dem Gewissen haben!

Endlich schien der Geist erlöst und reinen Herzens zu sein. Denn er hielt inne im Küssen. Und deutlich zeigten sich weiße Flecken in seinem schwarzen Gesicht. Wie aber sahen Malis Lippen und Wangen aus! Als wäre ihr ein Schornsteinfeger ins Gesicht gefallen! „Mein Gott, Dirndl, mein Gott," stotterte das Kasermanndl erschrocken, „jetzt hab ich dich aber schön zugrichtet! Geh, komm her, laß dich ein bißl sauber machen!" Das Gespenst lief hinter den Herd und zog einen mit Wasser gefüllten Zuber hervor.

Mali aber sah und hörte nicht. Sie fühlte nur, daß sie frei war, und da streckte sie die Hände nach der Tür und wankte ins Freie.

Hinter ihr in der Hütte klang ein helles Lachen und ein Geplätscher von Wasser.

Mit erlöschenden Kräften watete Mali talwärts durch den Schnee. Aber sie kam nicht weit, da hörte sie hinter sich eine rufende Stimme. Und der rötliche Schein einer Fackel glitt über den Schnee, die finstere Nacht erhellend. Mali fing zu laufen an. Doch das Kasermanndl hatte flinkere Beine. Jetzt stand es an ihrer Seite, faßte ihre Hand und sagte mit zärtlichem Klang der Stimme: „Geh, weswegen wartest denn nit? Das kannst dir doch denken, daß ich dich jetzt nit allein gehen laß in der Nacht! Schau, wie leicht könnt dir was gschehen!“

Mali wußte nicht: war sie wach, oder war das alles nur ein Traum. Bald heiß und bald wieder kalt überlief es ihre zitternden Glieder. Und unter ihrem Mieder hämmerte das Herz, als wäre plötzlich dem kleinen, ungeberdigen Ding die junge Brust zu eng geworden! Und dieser seltsame Schreck, der sie durchfuhr, als sie angstvoll aufblickte! In der Hand eine lodernde Kienfackel, stand das Kasermanndl neben ihr und guckte sie lächelnd an.

Und der Geist hatte ein weißes Gesicht mit roten Lippen und hellen, lustigen Augen. Und mit einem Schnurrbart! Wie doch das fromme Werk der Erlösung solch ein armes Gespenst zu seinem Vorteil verwandeln kann! So wie jetzt, so hatte das Kasermanndl wohl einstmals ausgesehen? Weiß Gott, dieses Gespenst mußte zu seinen irdischen Lebzeiten ein schmucker Bursch gewesen sein!

„Komm, Schatzl, komm!“ sagte der erlöste Geist. „Hast ja noch ein weiten Weg bis heim!“ Leuchtend hob er die Fackel und leitete das Mädel an der Hand zu einem ausgetretenen Pfad. Wenn das Gehänge steiler und der Schnee tiefer wurde, legte er, um Mali besser stützen zu können, den Arm um ihre Hüfte. Und sie wehrte sich nicht, hielt die Augen geschlossen und ließ sich führen.

Als die beiden den Saum des Bergwaldes erreichten, klang plötzlich aus dem Gehölz herauf eine schreiende Stimme: „Mali! Mali!“

„So schön, da kommen Leut!“ brummte das Kasermanndl, halb erschrocken, halb ärgerlich. „Jetzt hat's aber Zeit, daß ich verschwind!“ Die Fackel des Gespenstes fuhr in den Schnee, zischend erlosch die Flamme, und Mali stand in schwarzer Finsternis. Zwei ungestüme Arme umschlangen sie, ein heißer Kuß brannte auf ihren Lippen, sie hörte noch ein unterdrücktes Lachen, das sich entfernte, dann war sie allein. Mit wirbelnden Sinnen taumelte sie über den Schnee und schlug, in krampfhaftes Schluchzen ausbrechend, die Hände vor das Gesicht.

„Mali! Mali!“ klang es drunten im Wald.

Sie richtete sich auf und lauschte.

„Mali! Mali!“

Nun erkannte sie die Stimme. Es war der alte Senn. Die Leute im Roßmoos hatten wohl Angst um sie bekommen und hatten den Senn geschickt, um sie zu suchen. Als sie nun wieder seine rufende Stimme hörte, antwortete sie mit gellendem Schrei und rannte talwärts auf dem breiten Almweg, bis ihr der Atem verging. Mit brennendem

Spahnlicht kam ihr der Senn entgegen. Er mußte sie in den Armen auffangen, sonst wäre sie gestürzt.

„Gott sei Dank, mein Dirndl, weil nur wieder da bist!“ stammelte der Alte und stützte die Wankende, während er sie mit sich fortzog. –

Durch den Wald herauf schimmerten vom Roßmoos her schon die erleuchteten Fenster des Hofes.

Drunten, vor der Haustür, stand der Bauer und starrte über das weite Schneefeld gegen den finstern Bergwald, während aus der Stube die murmelnden Stimmen des betenden Gesindes klangen. Die Kälte schüttelte den Bauer, aber er wich nicht von seinem Posten. Unruhig stapfte er auf der Schwelle hin und her, schlug mit den Armen, hauchte in die starren Hände, stampfte mit den Füßen, spähte hinaus in die Nacht und seufzte immer wieder. Manchmal räusperte er sich und griff an die Kehle. Das Zäpflein war ihm hinuntergefallen – wie die Leute von einem zu sagen pflegen, den die Angst um alle Fassung brachte.

Endlich meinte er draußen im Schneefeld zwei näher kommende Gestalten zu erkennen. „Mali!“ schrie er mit heiserer Stimme.

„Hui huuup!“ klang der langgezogene Ruf des Sennen durch die Nacht zurück.

„Gottlob! Gottlob!“ stotterte der Bauer und rannte in die Stube. „Leut! Leut!“ Die Knechte und Mägde brachen mitten im Vaterunser ab und sprangen auf. „Er kommt! Und 's Dirndl muß er gfunden haben, weil er hupen tut.“

Nun lief der ganze Schwarm in den Hof hinaus und dem Zaun entgegen, der Bauer allen andern voran. Draußen im Schneefeld tauchte der Senn mit Mali in der Helle auf, die aus den Fenstern fiel. Mit wirrem Geschrei wurde das Paar empfangen und umringt. Mali hing am Arm des Sennen, erschöpft, mit zerrauftem Haar, das starre, schwarzfleckige Gesicht von Zähren überronnen.

„O mein Gott!“ stammelte der Roßmooser und schlug vor Schreck die Hände ineinander.

„Sie hat den Muser!“ schrie einer der Knechte. „Da schau her, Bauer, am Miederbandl hängt er!“ Ein Dutzend Hände griffen nach dem eisernen Löffel.

„Mar' und Josef!“ kreischte eine Magd und deutete entsetzt in Malis Gesicht. „Wie das Dirndl ausschaut!“

„Gelt? Gelt? Hab ich's nit gsagt!“ gröhlte der Hüterbub. „Ins Gsicht is er ihr gsprungen, der Höllische! Jessas! Jessas!“ Immer wieder stieß er die Arme über den Kopf. „Jessas! Jessas!“

„Aber Dirndl!“ stotterte der Bauer. „So red doch! Red!“

Mali brachte kein Wort heraus. Mit bangen Augen blickte sie auf die brennenden Gesichter, und große Tränen rollten ihr von den schwarz gefleckten Wangen auf den zuckenden Mund.

„Ich bitt nur grad, laßts mir das Dirndl in Ruh!“ mahnte der Senn und trieb die Neugierigen, die nicht weichen wollten, mit zornigen Worten zurück. Er führte Mali zur Haustür und rief eine Magd. „Komm her, Zenz, und schau nur, daß das Dirndl auffi kommt ins Kammerl. Und laß keine Seel nit eini zu ihr! Das arme Hascherl muß Ruh haben, wenn's nit gfahrlich verkranken soll!“

Geschäftig schlang die Magd ihren Arm um Mali und führte sie ins Haus; das Gesicht des Weibsbildes leuchtete vor Neugier: nun war sie die erste, die von Malis Abenteuer was erfahren sollte; ihr gruselte schon im Vorgefühl der schauerlichen Dinge, die sie zu hören hoffte.

Die Knechte und Mägde wurden ins Gesindehaus geschickt, eine Anordnung, der sie sich nur widerwillig fügten. Der Senn trat mit dem Roßmooser in die Stube; hier legte er den eisernen Muslöffel mit Nachdruck auf den Tisch und sagte: „Das Dirndl hat die Kuh verdient, Bauer.“

„Wohl wohl!“ meinte der Bauer und kratzte sich seufzend hinter den Ohren.

Der Senn machte ernste Augen. „Und die braune Liesl wirst ihr geben müssen!“

„Was? Die braune Liesl? Unser beste Kuh!“ fuhr der Roßmooser auf. „Was dir nit einfallt!“

„Wird aber doch so sein müssen.“ Der Senn trat auf den Bauer zu und flüsterte: „Der selbige da droben hat ihr graten, sie soll die braune Liesl verlangen. Und wenn dir's nit recht wär, so hättst es mit ihm z'tun, hat er gsagt!“

Der Roßmooser rührte unbehaglich die Schultern unter der Joppe. „No, no, no,“ sagte er beschwichtigend, „man wird doch um sein Sach noch reden dürfen!“ Mit langen Schritten ging er in der Stube auf und ab und blieb wieder stehen. „Der kennt sich aber aus in meim Stall, das muß ich sagen.“ Er versuchte ein gezwungenes Lachen. „Die braune Liesl! Mein ganzer Stolz und Staat! Die schönste Kuh! Und mit dem Kalb geht s' auch! Zwei fette Fliegen auf ein' Schlag!“

„Der selbige da droben wird wohl wissen, warum er dir das antut! Und ein schönen Gruß laßt er dir sagen, du sollst keine so übermütige Red nimmer tun. Ein anders Mal könnt's schiecher ausfallen.“

„Jetzt laß mich aber aus, du!“ brummte der Bauer, warf sich in den Lehnstuhl und machte wütende Augen. Plötzlich hatte er einen rettenden Gedanken. „Meinst am End nit, das Dirndl laßt uns blau anlaufen?“

Der Senn nahm den Muslöffel vom Tisch und hielt ihn dem Roßmooser unter die Nase. „Da hast den verlangten Zeugen! Im übrigen, was die Mali sagt, da kannst drauf wetten, wenn dir 's Schwören z'wenig is!“

„So meinst, sie hat ihn richtig gsehen, den selbigen?“

Der Senn machte große Augen zu diesem Zweifel. „Wie soll ihn 's Dirndl denn nit gsehen haben? Sie is doch auffi. Und er is doch droben. Die zwei *müssen* zammtroffen sein!“

„Aber so red doch, erzähl, wie war denn nachher alles?“

Der Senn zuckte die Schultern. „Was ich weiß, das hab ich gsagt. Mehr hab ich vom Dirndl nit erfahren. Und fragen hab ich nit mögen. Denn weißt, bei so was is 's Reden allweil eine heikle Sach. Ein Wörtl z'viel, und es kann verspielt sein um Leib und Seel!“

Der Bauer fragte nicht weiter.

Nach einer Weile sagte der Senn: „Wenn nur das arme Dirndl nit vom Schrecken was davontragt und dran leiden muß ihr ganz Leben lang!“ „Um Gottswillen!“ stotterte der Bauer und schlug die Faust auf den Tisch. „Wann ich mir nur gleich die Zung abbissen hätt, vor ich so eine dalkete Red hab tun müssen!“

„Wohl wohl!“ nickte der Senn.

Es war still in der Stube; nur die Schwarzwälderuhr tickte leis und eintönig.

Um so lauter ging es drüben in der Gesindekammer zu; in einem Winkel hockten sie alle beisammen, keins dachte ans Schlafengehen; und je weniger sie wußten, desto mehr hatten sie zu reden. Es währte nicht lange, so war eine schauderhafte Geschichte ausgekocht, in welcher haargenau berichtet wurde, wie Mali mit dem höllischen Almgeist um den Muslöffel gerauft hatte.

Diese Geschichte wurde von jenen, die vor Tag zur Frühmesse ins Dorf hinunterstiegen, von Haus zu Haus getragen.

Gegen sieben Uhr morgens machte sich auch der Roßmooser auf den Weg, um das Hochamt zu besuchen. Er ging allein, in Sinnen und Brüten versunken. Als er sich dem Dorf näherte, kamen ihm Schritte entgegen; er blickte auf und sah einen jungen Jäger bergansteigen.

„Was is denn mit dir?" rief er ihn an. „Du wirst doch nit am heiligen Weihnachtstag auf die Gamspirsch ausgehn?"

Unwillig schüttelte der Jäger den Kopf. „Nit einmal am Feiertag hat unsereiner seine Ruh! In aller Gottesfruh hab ich ein Schuß droben fallen hören! Aber wann ich den erwisch, den Lumpen, dem soll unser Herrgott gnaden!" Der Jäger stieg weiter, aber schon nach wenigen Schritten wandte er sich wieder um. „Was ich fragen will: warum bist denn allein? Wo is denn der Toni?"

„Mein Bub? Der is seit drei Tag in der Stadt drin."

„So?“ brummte der Jäger und stieg seines Weges weiter. Lachend blickte ihm der Roßmooser nach. „Jetzt bin ich aber auf den Tod froh, daß ich den Buben fortspediert hab über die Feiertag! Sonst hätt ich keine ruhige Sekund nimmer!“ Kopfschüttelnd wanderte er dem Dorf entgegen. „Der Bub wird lachen, wann er heimkommt! Is der Jung nit daheim, so macht der Alte die Streich!“

Noch knapp zur rechten Zeit erreichte der Bauer die Kirche. Als er auf seinen Betstuhl zuging, merkte er, daß ihn alle Leut mit scheuen Augen betrachteten. Die Geschichte vom Kasermanndl war wohl schon ins Laufen gekommen? Und nach dem Hochamt, zuerst in der Gemeindesitzung und dann im Wirtshaus, fielen die Fragen über ihn her wie die Wespen über eine Birne. Er ließ das Essen stehen und rannte fuchsteufelswild davon.

Gegen zwei Uhr nachmittags erreichte er das Roßmoos. Beim Zaun begegnete er dem Hüterbuben. „Wie steht's denn mit der Mali?“ fragte er.

„Jessas, jessas!“ jammerte der Bub. „Das Dirndl liegt noch allweil und kann sich schier nit erholen vom Schrecken. Und kein Wörtl bringt man nit raus aus ihr, sagt die Zenz! Und allweil tut's röhren, nix als röhren! Wirst sehen, Bauer, das Dirndl geht drauf!“

Eine schallende Ohrfeige war der Dank für diese freie Meinung. Mit brennrotem Gesicht schlich der Bub davon, und der Bauer trat ins Haus. Da kam gerade die Zenz über die Treppe heruntergestolpert; sie schien es eilig zu haben; als sie den Bauer in der Stube verschwinden sah, rannte sie ihm kreischend nach. „Da schau, Bauer, da schau, was er ihr gschenkt hat!“

„Wer? Wem? Was?“ knurrte der Roßmooser.

„'s Kasermanndl! Der Mali! Ein ganzes Sackl voll Kronentaler hat er ihr gschenkt, fürs kranke Mutterl!“ stotterte die Dirn in atemloser Erregung und hielt dem Bauer auf der flachen Hand ein rund strotzendes ledernes Beutelchen hin.

Der Roßmooser machte einen langen Hals und starrte mit großen Augen das Säcklein an.

„Grad jetzt hat die Mali das erste Wörtl gredt davon," berichtete die Magd, „und sie tät halt bitten lassen, wenn einer nunter ging und tät das Geld ihrem Mutterl bringen! Was sagst, Bauer? So was! So was kann auch noch passieren! Heutigen Tags!"

Der Bauer schien auf die Worte der Dirn nicht zu hören, „Jetzt das is aber gspassig!" Zögernd griff er nach dem ledernen Beutel und betrachtete ihn kopfschüttelnd von allen Seiten. Er wog ihn mit der Hand und setzte ihn auf den Tisch; er nahm ihn wieder auf, kratzte mit dem Fingernagel an dem Leder und roch daran; er öffnete den Zug, stierte die blanken Silbermünzen an – und immer wieder schüttelte er den Kopf. „So was! Das is aber gspassig!" Plötzlich warf er den Beutel auf den Tisch und fuhr auf die Magd los, daß sie erschrocken vor ihm zurückwich. „Marsch, sag ich! Und auffi zum Dirndl! Und richt der Mali aus, sie soll aufstehn und abi- kommen auf der Stell. Der Bauer will's haben!"

Wortlos schlich die Zenz davon; ihren großen, kreisrunden Augen war es anzusehen, daß ihr Verständnis für die Situation auf dem Gefrierpunkt angelangt war.

Als die Tür sich geschlossen hätte, stapfte der Bauer zum Tisch, stemmte die Fäuste in die Hüften und blinzelte wieder den ledernen Beutel an. „Jetzt weiß ich nit, bin ich von allen der Dümmst, oder bin ich der einzig Gscheide?“ Er stand mit gerunzelter Stirn; schwere Gedanken schienen sich unter seinem borstigen Haarwald im Kreis zu wälzen. Und heftig schüttelte er den Kopf, wie ein störriger Gaul, den das Kummet drückt. „Na, na, es is ja nit möglich! Es kann ja nit sein! Er is ja doch in der Stadt drin, und er is . . .“

Der Gedankenreihe des Roßmoosers riß jählings ab; ein neuer Einfall war ihm dazwischengefahren. Als gält' es, einen Dieb zu fangen, so hastig eilte er in das anstoßende Zimmer – es war die Stube seines Buben – riß an einem buntbemalten Kasten beide Türen auf und wühlte die hängenden Kleider auseinander. In einem Winkel dieses

Kastens pflegte sonst eine doppelläufige Büchse in heimlichem Verwahr zu stehen.

Jetzt war der Winkel leer.

„Da hört sich aber doch alles auf!“ stotterte der Roßmooser in Zorn und Verblüffung. Im gleichen Augenblick hörte er einen Schlag am Fenster und das Klirren fallender Glasscherben. Er drehte sich um und stand wie versteinert. Draußen vor dem Fenster sah er einen Kopf mit tief in die Stirn gedrücktem Hut – eine Hand griff durch die zerschmetterte Scheibe herein, drehte den Reiber, stieß das Fenster auf – und in die Stube schwang sich ein junger, schlanker Bursch, angetan wie ein Senn in Arbeitstracht.

„Toni! Bub! Was is denn?“ stammelte der Bauer.

Atemlos, keines Wortes mächtig, stand der Bursch vor seinem Vater. Bis an die Hüften war er mit Schnee behangen. Das Gesicht brennend rot wie von angestrengtem Lauf; auf Stirn und Wangen perlender Schweiß. Und an den Ohren, unter dem kecken

Schnurrbart und in den Augenwinkeln zeigten sich schwarze Rußflecke, als wäre er mit dem Gesicht in einen Kohlenmeiler gefallen und hätte sich in der Eile schlecht gewaschen. Aber in schmucker Sauberkeit, im reinlichsten und reichsten Sonntagsstaat und in der heitersten Laune einer ruhigen Stunde hätte der Bursch keinen wohlgefälligeren Anblick bieten können als gerade jetzt, in diesem verwitterten und verwüsteten Gewand, in dieser stürmischen Erregung. Er sah sich an wie ein urwüchsiges Bild von Gesundheit, Leben, Kraft und jenem jugendlichen Leichtsinn, der einen blinden Sprung in die lockende Gefahr getan und jetzt das steigende Wasser an den Lippen spürt.

Der Roßmooser freilich hatte in diesem Augenblick wenig Sinn für das malerische Bild seines Buben. „Kreuz Teufel noch einmal!“ schrie er mit zornbebender Stimme. „Jetzt red, sag ich!“

Toni drückte die Fäuste auf die nach Atem ringende Brust. „Vater . . . der Jäger . . . is hinter mir!“

Kalkweiß wurde der Roßmooser im Gesicht und taumelte zurück, als hätte er einen Faustschlag vor die Stirn bekommen. Der jähe Schreck schien ihm die Zunge und alle Glieder gelähmt zu haben. Kaum aber hatte er einen scheuen Blick durch das Fenster hinausgeworfen, da kam ihm das Leben wieder. Er stürzte auf seinen Buben zu, packte ihn mit beiden Händen an der Brust – und ehe sich's Toni versah, lag er schon im Kasten zwischen den Kleidern. Der Bauer schlug die Türen zu, drehte den Schlüssel um, zog ihn ab und stieß ihn in die Tasche.

„Vater! Aber Vater! Das laß ich mir nit gfallen!“ klang Toni's halb erstickte Stimme aus dem Kasten.

„Haltst dich still oder nit! Du Malefizbub, du gottvergessener!“ knirschte der Roßmooser. „Steht ja der Jager schon draußen!“

Im Kasten wurde es mäuschenstill.

Der Bauer atmete tief und blies die Backen auf; dann eilte er in die Stube, öffnete die Fenster, legte sich breit in die Brüstung und guckte hinaus in den sonnscheinigen Wintertag, so harmlos, als wäre der Bestand des schönen Wetters seine einzige Sorge.

Über das Schneefeld kam der Jäger einhergerannt. Vor dem Zaun des Roßmoosers blieb er unschlüssig stehen und spähte nach allen Seiten. Jetzt sah er den Bauer im Fenster liegen.

„He! Du!“ rief er ihn an. „Hast nit ein vorbeilaufen sehen beim Hof?“

Vorbeilaufen? Das Wort schien dem Roßmooser zu gefallen. „Was für einer soll's denn gwesen sein? Vielleicht einer im braunen Janker, im zwilchenen Hemmed und mit Kniehösln?“

„Wohl wohl, es is schon der Richtige!“

„Ja, du, so einer ist grad da drüben hinterm Stall vorbei und abi gegen 's Dorfstraßl. Er muß schon im Wald sein. Da darfst dich tummeln, wann den noch einholen willst.“

Der Roßmooser hatte noch nicht ausgesprochen, da war der Jäger schon hinter dem Stall verschwunden. Lang streckte der Bauer den Hals. Nach einer Weile sah er den Jäger hinter dem Gesindehaus wieder zum Vorschein kommen und im Wald verschwinden.

Schwer atmend richtete sich der Roßmooser auf und schloß das Fenster. „Wart, Büberl, wart!“ Er ballte die Fäuste. „Jetzt wachsen wir zwei aneinander!“ Mit langen, schweren Schritten stapfte er in die Kammer hinaus, sperrte den Kasten auf und öffnete die Türen.

Mit aufgezogenen Beinen, die Arme um die Knie geschlungen, hockte der Toni zwischen den Kleidern und blickte halb mißtrauisch, halb lustig zum Vater auf.

Der Roßmooser streckte die Hände; er schien nicht übel Lust zu haben, seinem Buben mit allen zehn Fingern ins krause Haar zu fahren. Doch er besann sich und trat einen Schritt zurück. Als aber Toni nicht die geringste Miene machte, sein Asyl zu verlassen, wurde der Roßmooser krebsrot im Gesicht und schrie: „Wirst bald schauen, daß d' aussi kommst oder nit?“

„Pressiert's denn?“ meinte Toni. „Das hätt halt der Vater gleich sagen sollen!“ Er griff in die hängenden Kleider, zog sich in die Höhe und stolperte aus dem Kasten.

„So! So! Spötteln willst auch noch?“ kreischte der Bauer und machte eine höchst verdächtige Handbewegung. Als aber sein Blick den blitzenden Augen des Burschen begegnete, wandte er sich zornig ab, spuckte energisch in einen Winkel und ging in die Stube hinaus.

Toni blickte ihm lächelnd nach, strich Hände über das Haar und folgte dem Vater bis unter die Tür. Breitspurig bleib er auf der Schwelle stehen und legte die Arme hinter den Rücken, um die böse Suppe, die schon fertig gekocht am Feuer stand, geduldig über sich ausgießen zu lassen.

Der Roßmooser trabte in der Stube auf und nieder wie ein Löwe in seinem Käfig; dazu noch wie ein böhmischer, der zwei Schweife hat; denn die beiden langen Flügel des Feiertagsrockes ringelten sich hinter dem Bauer einher, als hätten sie Leben, als möchten sie warnen vor dem Sturm, der dem Ausbruch nahe war.

Einmal blieb der Roßmooser vor seinem Buben stehen, Toni duckte schon den Kopf, als sollte nun ein Platzregen von Scheltworten über ihn ergehen. Aber der Vater sah ihn nur zornig an, kehrte ihm den Rücken und nahm seine Wanderung durch die Stube wieder auf.

Dabei schien sich im Roßmooser eine unerwartete Wandlung zu vollziehen. Denn als er nach einer Weile wieder vor seinem Buben stehen blieb, erschrak dieser und blickte mit beklommener Sorge in das Gesicht des Vaters. Dem Bauer zuckten die Lippen, und seine dicken Backen zitterten.

„Aber Vater!“ stotterte Toni.

Der Roßmooser holte tief Atem. „Vater, ja, Vater! Lügen muß er, der Vater! Lügen muß er, damit der feine Herr Sohn seine Streich recht unscheniert treiben kann! Ich, der Roßmooser, ich muß lügen!“ Bei jedem Worte schlug der Bauer die Faust an die Brust. „Ich, der Roßmooser, von dem's meiner Lebtag gheißen hat: sein Wort is Stahl und Stein und klar wie Wasser! Ich, der Roßmooser, ich muß mit Lügen den Jager vexieren, daß er nit einikommt unter mein Dach und packt den Hallodri, den er sucht, und führt ihn abi aufs Gricht und verschandelt mein ehrlichen Nam!" Dem Bauer brach die Stimme.

„Aber . . . aber Vater!" stammelte Toni.

„Vater, ja, Vater!" Der Roßmooser schluckte und würgte, schüttelte die Arme und schrie: „Du Malefizbub, du elendiger!" Und wieder stapfte er durch die Stube. Als er von der Tür zum Tisch zurückkam, versetzte er mit beiden Fäusten der Eichenplatte einen krachenden Schlag. „Ja sag mir nur, wie bist denn du aufs Gamsjagern verfallen? Ich hab dich doch zum Einkaufen in d'Stadt eini gschickt?"

„Wohl wohl, aber ich bin nit gangen. Ins Ort bin ich abi. Und da is der Kasersepp, mein Kamerad, statt meiner fort in d' Stadt zum Einkaufen. Und *ich* hab sein Gwandl anzogen, hab mir 's Gsicht mit Ruß verstrichen, daß mich keiner nit kennt, und bin über alle Berg aus."

„Da hört sich aber doch alles auf!“ platzte der Bauer los in heller Wut. „Und ich sitz daheim und denk mir, der Bub is in der Stadt. Und denk mir, jetzt kann ich doch einmal ruhig schlafen über d' Feiertag und brauch mich nit sorgen um mein rechtschaffenen Nam. Und derweil wildert der Bub auf alle Berg umeinander, hußt mir den Jager ins Haus, bringt Schand und Spott über mich! Ja Bub, ja hast denn ganz vergessen, was mir versprochen hast bei der letzten Gschicht, wo nimmer viel gfehlt hat, daß man dich eingsperrt hätt? Dem Roßmooser sein Buben! Hast mir nit in d'Hand versprochen, daß du kein Stutzen nimmer anrühren willst? Aber wart nur, wart!“ Drohend hob der Roßmooser die Fäuste und schrie, daß alle Fensterscheiben zitterten: „Wann dich 's Vaterwort nit bessern kann, nachher soll dich was anders zügeln! Heiraten mußt mir! Heiraten! Red nit! Da gibt's keine Widerred! Heiraten mußt! Und über vier Wochen muß Hochzeit sein, daß ich endlich einmal mein Ruh hab. Und wenn dir kein Bräutl nit weißt, meintwegen nimm dir die Mindest im Ort, meintwegen laß dir eine ausbatzen aus'm Schmalz! Aber her muß eine! Und über vier Wochen muß gheirat sein! Und wann nachher drinhockst im Grillenhäusl, paß nur auf, nachher wird dir 's Wildern schon vergehn! Du Hallodri, du gottvergessener!“ Dem Roßmooser ging der Atem aus. Blasend und schnaufend, zitternd vor Wut, fiel er neben dem Tisch auf die Holzbank nieder.

Langsam kam der Toni näher und sagte in lächelnder Ruhe: „Weswegen schreit denn der Vater so? Hab ich denn gsagt, daß ich mich wehr gegen 's Heiraten? Gott bewahr! Ich heirat ja gern. Wann's der Vater positivi haben will.“

Der Roßmooser riß Mund und Augen auf. „Ja weißt dir denn eine?“

„Wohl wohl.“ Es zuckte um Toni's Mund, als könnte er ein Lachen nur mit Mühe unterdrücken.

„Jetzt da schau her!“ Der Roßmooser schlug die Faust auf den Tisch. „Wie lang hast es denn schon mit ihr, du Duckmauser, du?“

„Gar nit lang. Und wenn ich das Dirndl krieg, Vater ... ich versprich's auf Ehr und Seligkeit ... nachher gibt's für mich im Leben kein Gamsl mehr und kein Stutzen nimmer!"

„Und was wär denn das für eine?"

„Ich mein', der Vater müßt das Dirndl kennen. Er hat mir's ja selber gschickt."

„Was?" rief der Roßmooser staunend.

„Wohl wohl, heut in der Nacht, auf d' Almhütten auffi."

Da sprang der Bauer in die Höhe, als wäre Feuer auf der Bank entstanden. Mit steifen Augen starrte er seinen Buben an, langsam drehte er den Kopf, und als ihm der lederne Beutel, den er im Eifer des Gefechts vergessen hatte, wieder in die Augen fiel, da schien ihm in dieser dunklen Geschichte plötzlich ein Lichtlein aufzugehen. Er stieß – war's Überraschung, Zorn oder Freude? – einen langgezogenen kreischenden Laut aus, der mit dem Schlachtgeheul eines wilden Kriegers eine entfernte Ähnlichkeit besaß. Er wollte auf seinen lachenden Buben zustürzen; aber auf halbem Wege hielt er inne, denn er sah, daß die Stubentür sich öffnete.

Mali trat ein. Sie hielt die Augen gesenkt und ließ das blasse Köpfchen hängen, als wär's eine geknickte Lilienblüte. Lautlos drückte sie hinter sich die Tür zu, nestelte an der Schürze und sagte mit leiser Stimme: „Der Bauer, hat die Zenz gesagt, tät mit mir reden wollen?“

Das war nun freilich richtig. Aber dem Roßmooser schien es die Rede verschlagen zu haben. Schweigend stand er, mit schief gehaltenem Kopf, und musterte das Mädel mit wägendem Blick von den Fußspitzen bis zum Scheitel. Dabei wurde sein Gesicht immer freundlicher, sein Mund immer breiter.

Toni lächelte. „Mir scheint, das Dirndl gfallt dem Vater?“

Beim klang dieser Stimme rann ein Zittern über Malis Glieder. In Scheu und Bangen hob sie die Augen. Und als sie an der Seite des Roßmoosers den jungen Burschen gewahrte, stockte ihr der Herzschlag. Mit zuckenden Händen griff sie in die Luft.

Sie wankte, sie drohte umzusinken, aber Toni war schon auf sie zugesprungen und fing sie auf in seinen Armen. Er führte sie unter zärtlichem Stammeln zur Ofenbank, setzte sich an ihre Seite, zog die halb Ohnmächtige an seine Brust und küßte ihr die Stirn, die Augen, die Wangen und den Mund.

Mit gespreizten Beinen, die Fäuste in die Hüften gestemmt, stand der Roßmooser inmitten der Stube und guckte mit runden Augen das Pärchen an. Durch seinen Kopf ging es wie ein Wirbel, aus dem sich nur langsam die klaren Gedanken lösen wollten. Nun wußte er, welche Bewandtnis es mit dem Kasermanndl hatte, dem er in der Weihnacht mit seiner 'übermütigen Red' das Mädel in die Arme geschickt hatte. Eine schöne Bescherung das! Ein bettelarmes Dirndl – als Schwiegertochter im Roßmooserhof! Arm? Freilich. Aber der Geldsack des Roßmoosers war groß genug und brauchte sich keinen Buckel mehr aufzuschnallen. Ein armes Dirndl! Aber kreuzbrav und bildsauber dazu! Und an der richtigen 'Schneid' fehlte es auch nicht, das hatte die Mali in der vergangenen Nacht bewiesen. Und eine, die den Teufel nicht fürchtet, die wird wohl auch mit einem Mannsbild fertig werden, dem – wie der Roßmooser meinte – mehr 'dumme Streich' im Kopf stecken als gescheite Gedanken. Und blieb die Mali im Hof, so brauchte die braune Liesl den Stall des Roßmoosers nicht zu verlassen. Und der Millirahmstrudl mit Zibeben! Der gab den Ausschlag.

Schmunzelnd ging der Bauer auf das Pärchen zu und stieß dem Buben, der mit Küssen kein Ende finden wollte, die Faust hinters Ohr. „Hörst nit auf? Schenierst dich denn gar nit vor dem Vater?“

„Schenieren soll ich mich auch noch?“ lachte Toni. „Oder is mir der Vater vielleicht neidisch drum?“ Er wollte seine angenehme Beschäftigung mit Eifer wieder aufnehmen.

Aber Mali wand sich aus seinen Armen. Sie schien immer nicht zu fassen, was mit ihr vorging. Ihre Lippen zuckten, Tränen hingen an ihren Wimpern, Röte und Blässe wechselten auf ihren Zügen, und mit traumverlorenen Augen starrte sie bald den Bauer an, bald wieder den 'Unheimlichen' an ihrer Seite. Und da sie aus dem Wirrsal ihrer dämmernden Gedanken keinen besseren Ausgang fand, schlug sie die Hände vor das Gesicht und brach in Schluchzen aus.

„Jesus Maria!“ stotterte der Roßmooser erschrocken.

Aber Toni schob den Vater zurück, zog die Weinende an seine Brust und sagte: „Schau, Vater, sei doch gscheid! Laß mich ein bißl allein mit dem Dirndl, laß mich reden mit ihm!“

„Meintwegen, so red halt!“ Der Bauer stieß die Hände in die Hosentaschen und stapfte der Türe zu. Bevor er die Stube verließ, guckte er blinzelnd noch einmal zurück. „Ein schöns Reden, das!“ meinte er, als er merkte, daß die Zwiesprach seines Buben in nichts anderem bestand als in ungezählten Küssen.

Draußen, unter der offenen Haustür, blieb der Bauer stehen. Behaglich und zufrieden, als hätte er nicht nur ein gutes, sondern auch ein kluges Werk gestiftet, wiegte er sich in den Knien, schnalzte mit der Zunge und ließ sich dabei die laue Wintersonne auf das Bäuchlein scheinen.

Da sah er den Altsenn aus der Stalltür kommen. „He, du!" rief er ihm zu. „Du Weißkopfeter! Da komm her ein bißl!"

Bedächtig kam der Alte durch den Schnee einhergewatet.

„Was meinst?" fragte der Bauer mit vergnügtem Kichern. „Was meinst, wer drin is in der Stub?"

„Wer soll denn drin sein?"

„'s Kasermanndl! Mit seiner Saligen!"

Der Altsenn runzelte die Stirn. „Geh, Bauer, das weißt doch, daß ich kein Spaß nit vertrag über solchene Sachen!"

Der Bauer schmunzelte. „Wenn du's nit glaubst, so schau halt durchs Fenster eini!"

Der Alte blinzelte den Roßmooser von der Seite an und schüttelte den Kopf. Aber seine Neugier war doch größer als sein Mißtrauen. Zögernd näherte er sich dem Fenster und guckte durch die Scheibe. Betroffen fuhr er zurück. Aber gleich wieder drückte er die Nase an das Glas. Und dann brach er in lustiges Lachen aus. Er schien den Zusammenhang des Bildes, das er in die Stube gewahrte, mit dem Abenteuer der vergangenen Nacht zu ahnen. „Der Toni? Der Toni war's?“

„Ja, was sagst! Gamsjagern is er gwesen, der Hallodri!“

„Und hat ein Täuberl gfangt! Aber ein liebs, das muß ich sagen!“

„Meinst nit auch: aus der Mali wird eine richtige Bäuerin?“

„Wohl wohl! Die lauft um eine Kuh dem Teufel in' Rachen!“

Nun lachten sie alle beide.

Drin in der Stube saß Mali wortlos an der Seite des Burschen, der sich doch endlich Zeit zum Reden genommen hatte. Ihre Wangen glühten, und ihre Augen leuchteten vom Glanz des Glückes, das in ihrem jungen Herzen aufgegangen war.

„Also magst mich oder nit?“ Mit dieser Frage schloß der Bursch sein sprudelndes Bekenntnis. „Aber haben mußt mich, wie ich bin, mit Haut und Haar, gut und schlecht. Bist einverstanden?“

Unter schüchternem Lächeln sah ihm Mali in die Augen. „Einverstanden?“ lispelte sie. „Ich glaub, ich hätt sterben müssen an der heutigen Nacht, wenn's nit so kommen wär.“

Sie wollte noch weiter sprechen. Aber Toni umschlang sie jauchzend und schob ihren Lippen einen dauerhaften Riegel vor.

Endlich löste sie sich aus seinen Armen und erhob sich. „So viel Glück! So viel! Aber schau, Toni, jetzt hätt ich eine Bitt.“

„Was denn, Schatzl?“

„Schau, ich trau mich nit freuen von Herzen, solang ich denken muß, daß d' Mutter eine Nacht in Sorg verschlaft. Tu mir den Gfallen, Toni, geh mit mir abi zur Mutter! Magst?"

„Ja, Schatzl! Auf der Stell!"

Ein fester Kuß. Dann gingen sie Hand in Hand zur Tür.